Le monde en 2040 vu par la CIA

DU MÊME AUTEUR

Le monde en 2035 vu par la CIA, n° 12081

Préface de Piotr Smolar

Le monde en 2040 vu par la CIA

et le Conseil National du Renseignement

Traduction de l'anglais (États-Unis)
supervisée par Laurent Barucq

J'AI LU

Cet ouvrage est la traduction intégrale du rapport du National Intelligence Council (NIC) : *Global Trends : A More Contested Word*, paru en mars 2021.

La version électronique anglaise est disponible sur le site : https://www.dni.gov/files/ODNI/documents/assessments/Global Trends_2040.pdf.

Pour aller plus loin :
Le site de la NIC : https://www.dni.gov/
Le fil de discussion sur Twitter : #GT2040
Le compte Twitter de la NIC : @ODNIgov

PRÉFACE

Le fracas du monde qui vient

La pandémie qui a pétrifié la planète en 2020 rend sévèrement myope. Au sens figuré. Se projeter, faire des plans, pour soi ou son pays, voir au-delà du mois à venir : tout cela tient dorénavant d'une entreprise téméraire, risquée comme une acrobatie sur un câble au-dessus du vide.

Le Covid-19 a brisé et emporté des vies, réintroduit la peur dans notre quotidien, modifié nos comportements élémentaires et notre rapport à autrui, paralysé nos économies, interrompu la circulation des individus. Ses répliques sismiques ne sont pas encore toutes perceptibles. Soudain, nous avons mué en experts de comptoir des taux de reproduction, des stratégies d'endiguement du variant X ou de son cousin Y. Les chiffres des admissions aux urgences composent notre nouvelle météo. Plein soleil. Grisaille. Nuages menaçants. Tempête. Désorientés, nous pourfendons la lenteur de nos gouvernants. Nous avons des valises de bon sens à partager, sans réellement connaître la solidité de notre embarcation. On craint pour les siens et on se compare aux autres.

Au printemps 2020, deux mois à peine après la transformation d'un virus local en crise mondiale, diplomates chevronnés et économistes soucieux mobilisaient déjà leurs compétences pour évoquer le « monde d'après ». L'exercice intellectuel avait quelque chose de rassurant, il rappelait un temps où la boussole indiquait le nord. Une fois évacuées les prudences d'usage, les experts dessinaient les ruptures à venir, ainsi que les victimes et les bénéficiaires : dans le monde du travail et du savoir, dans l'environnement ou les rapports entre États. « Rien ne sera plus jamais comme avant dans... » est devenu la formule péremptoire en vogue, rejoignant toutes les fausses évidences conceptuelles qui ont régulièrement pollué le débat public des dernières décennies. Comme la « mondialisation heureuse », la « théorie du ruissellement », ou encore la « fin du fait religieux ».

On publia des rapports, les ordinateurs chauffaient. Mais la vérité oblige à dire qu'on réfléchit mal sur une mer déchaînée, tandis que l'équipage tente d'écoper. Penser le monde d'après nécessite, forcément, de dater la fin du monde d'avant. Or on ne sait quand le Covid-19 cessera de prendre nos vies en otage. Mais, par son impact multiforme, le virus assure la promotion d'une vertu éternelle : l'humilité.

Pendant qu'on se projetait dans des dimensions incertaines, le monde changeait sous nos yeux de façon accélérée, dramatique, parfois souterraine. D'abord sur le plan scientifique. Jamais n'avait-on assisté à une telle mobilisation internationale, entre collaboration et concurrence, pour opérer le séquençage de l'ADN du virus, le mettre à disposition de tous, multiplier les études sur les modes de contamination et les symptômes recensés. À cela s'est ajoutée la course au vaccin, champ d'évaluation de la puissance des laboratoires privés et des États les soutenant. Le virus s'abattait sur nos vies par rafales, mais la connaissance progressait à pas de géant. L'avènement de l'ARN messager ouvre ainsi une nouvelle ère dans la médecine.

Le deuxième bouleversement concerne l'affirmation des « États carnivores ». Ainsi peut-on nommer les pays comme la Russie, la Turquie et la Chine, qui ont profité à des degrés divers du – relatif – retrait américain des affaires du monde, de la fin de son exemplarité revendiquée, sous Donald Trump. La crise du Covid-19 a décuplé leurs ambitions. Ces États carnivores privilégient la force brute et la politique du fait accompli. Leurs diplomates se comportent, parfois, comme des trolls sur les réseaux sociaux, sans aucun respect pour les conventions. Les carnivores ont pris acte de la paralysie complète du Conseil de sécurité de l'ONU et des autres instances multilatérales comme l'Organisation mondiale de la santé (OMS). Ils se drapent en permanence dans le principe de souveraineté – la leur, pas celle des pays ou des peuples qu'ils brutalisent – pour rejeter toute idée de valeurs universelles. En fonction du contexte, ils plient et déplient le droit international comme une chaise de jardin.

Poutine, Erdogan et Xi se reconnaissent entre eux, même si leurs intérêts ne s'alignent pas, voire s'opposent. Leurs machines autoritaires broient la vérité au quotidien. Elles créent un récit parallèle à la réalité des faits, désignent des ennemis extérieurs et des traîtres de l'intérieur, organisent les conditions d'une mobilisation patriotique sans autre fin qu'elle-même et la survie du régime. Cette mise sous tension permanente, l'idée d'un affrontement entre « nous » et « eux » (les faibles, les séparatistes, les ONG, les médias libéraux, les corrupteurs de nos traditions, etc.), connaissent des déclinaisons européennes, à un niveau plus modeste, en Pologne et en Hongrie.

Cela nous amène au troisième bouleversement, qui concerne « le camp occidental ». Avec la victoire de Joe Biden à l'élection présidentielle américaine, les États-Unis retrouvent une expression plus classique, plus normée, plus prévisible aussi. Les droits de l'homme ont à nouveau droit de cité. Washington se soucie enfin de ses alliés et exprime une forme d'humilité réaliste qui n'a pas toujours été pratiquée dans le passé. Joe Biden, le secrétaire d'État Antony Blinken ou le conseiller à la sécurité nationale Jake Sullivan mesurent à quel point l'image des États-Unis a été abîmée ces dernières années, sans remonter jusqu'à l'impact désastreux des guerres sans fin en Afghanistan et en Irak. L'assaut contre le Capitole début janvier 2021 a été l'acmé des convulsions démocratiques vécues pendant l'ère Trump. Rien ne dit qu'elles soient définitivement achevées.

Les États carnivores guettent ces faiblesses, ces crises intérieures, pour mettre en exergue la fin supposée de la toute-puissance américaine. Dans ce monde éclaté, aucun acteur ne peut prétendre à l'hégémonie. « L'Amérique est de retour », clame pourtant la nouvelle administration. Ce slogan claque, mais il repose en partie sur une illusion, celle d'un égarement momentané sous Donald Trump, d'un simple épisode fiévreux. Or les fractures intérieures des États-Unis ne peuvent se résorber par la seule grâce d'une élection. En revanche, l'expression rappelle une évidence : la centralité de l'Amérique demeure, par la puissance du dollar et ses capacités militaires sans égal, par son marché et son industrie, par la fascination culturelle qu'elle exerce et son secteur high-tech. L'extraordinaire campagne de vaccination et la mission de la NASA sur Mars ont permis de faire la démonstration des ressources sans cesse renouvelées de ce pays.

⁂

Tous les quatre ans depuis 1997, le NIC (National Intelligence Council) publie aux États-Unis un document passionnant, dont l'intérêt dépasse le cénacle des spécialistes. Il invite chaque nouvelle administration américaine, tout juste entrée en fonction, à s'extirper de la seule gestion des affaires courantes. Nourri par de nombreux échanges avec les meilleurs savants et analystes, le rapport examine les grandes tendances du monde actuel et dégage des hypothèses de développement à long terme pour l'ensemble de la planète. Si elles reflètent le point de vue américain, et ne s'appesantissent guère sur la crédibilité entamée des États-Unis, les pistes de réflexion exposées ici nous concernent tous.

Ce rapport 2021, qui envisage le monde de 2040, était très guetté dans le contexte éprouvant du Covid-19. Il annonce des bouleversements, en une génération, comme aucune autre n'en a vécu jusqu'alors dans l'histoire de l'humanité : du climat, de la connectivité, de la biotechnologie, de l'intelligence artificielle. Il dessine des sociétés plus fragmentées, sous tension, confrontées à des menaces et des enjeux sans frontières.

La population mondiale devrait s'accroître de 1,4 milliard en 20 ans, pour atteindre 9,2 milliards d'êtres humains. Dès 2027, l'Inde sera le pays le plus peuplé devant la Chine, mais la plus forte croissance sera relevée en Afrique subsaharienne qui représentera deux tiers du total. Dans nos pays européens, la part des personnes de plus de 65 ans pourrait atteindre 25 %, contre 15 % en 2010. En raison des tensions provoquées par les flux migratoires, certains pays développés devraient choisir de s'ouvrir seulement à la main-d'œuvre qualifiée, se tournant plutôt vers l'innovation technologique et l'automatisation pour les tâches à faible qualification.

L'environnement économique est soumis aux soubresauts de l'inattendu. Mais il sera marqué par l'accroissement des dettes souveraines, les bouleversements sur le marché du travail, l'emprise de puissantes corporations privées sur nos vies et des relations commerciales plus hachées entre États, loin de l'idéologie ultralibérale. La question démographique occupera évidemment une place centrale, avec son corollaire, les migrations. L'insécurité alimentaire et les catastrophes environnementales toucheront fortement les zones d'urbanisation accélérée. De même, le développement de nouvelles pandémies, la résistance inquiétante aux antibiotiques et le ralentissement des progrès dans la lutte contre la tuberculose et la malaria poseront des défis sanitaires d'ampleur.

Sans parler des maladies mentales. Le rapport cite un chiffre vertigineux, celui du coût économique estimé sur vingt ans de ces maladies : 16 000 milliards de dollars. L'automatisation de nombreuses tâches provoquera une détresse sociale immense, des pertes d'emplois et de revenus. Elle pourrait aussi concerner des postes à forte compétence requise, prévient le document, comme les médecins, les enseignants ou les ingénieurs.

L'intensification du changement climatique stimulera la demande de nouvelles réponses technologiques et d'énergies renouvelables. La course à certains minéraux comme le cobalt ou le lithium (pour les batteries) en sera accentuée. Les centrales éoliennes et photovoltaïques verront leur coût chuter et leurs capacités croître, nécessitant de nouvelles possibilités de stockage de l'énergie. Les petits réacteurs nucléaires modulaires (SRM) pourraient offrir des ressources inédites à des pays en plein développement. Mais les auteurs du rapport mettent aussi en garde contre des expérimentations inconsidérées pour réguler la température terrestre – notamment via la gestion des radiations solaires – susceptibles de provoquer des « effets secondaires catastrophiques imprévus » et des « changements dévastateurs » dans les systèmes météo et les précipitations.

La richesse de cette réflexion multidisciplinaire tient avant tout aux excellentes questions qu'elle pose, au souci permanent de mettre en balance les potentialités et les risques. Dans ce monde où même le passé devient incertain, à force d'être déformé et exploité à des fins nationalistes, il est sain et salvateur de hiérarchiser les incendies à éteindre et les chantiers à conduire en priorité. Mais on devine à la lecture l'impossible défi lancé aux dirigeants de nos démocraties libérales : comment penser le long terme, les mutations qui viennent et ne se refusent pas, et répondre aux urgences du moment, épidémiques, économiques et identitaires ? Comment stimuler l'innovation tout en multipliant les bouées de sauvetage ? Comment favoriser la coopération – face au changement climatique par exemple – tout en prenant acte d'une compétition exacerbée dans le domaine technologique ?

C'est ce dernier thème qui constitue l'une des parties les plus captivantes du rapport, sur fond de rivalité sino-américaine. Comme l'a illustré la course au vaccin contre le Covid-19, nous assisterons à une contraction du temps dans l'innovation et sa diffusion globale, risquant d'accentuer les fractures entre pays et au sein même des sociétés. La « 4e révolution industrielle » nous donnera le tournis, et certains ne s'en relèveront pas. Les chaînes de fabrication et de distribution classiques seront révisées. L'intelligence artificielle dite « générale », et non plus restreinte (comme la reconnaissance faciale ou les filtres anti-spams), transformera notre vie quotidienne, dans le domaine des transports, de la médecine ou de l'agriculture. Elle permettra aussi aux pays les plus développés – en Europe et en Asie de l'Est – de répondre aux besoins de services d'une population de plus en plus âgée. Mais chaque progrès est aussi lourd de questionnements. La production d'organismes synthétiques, le stockage de données dans l'ADN, l'augmentation des capacités cognitives humaines par la machine : toutes ces perspectives posent des problèmes éthiques, sécuritaires et économiques.

Écrans et caméras partout : c'est un truisme de dire que notre monde est devenu très connecté. Attendez donc de découvrir 2040, écrivent les auteurs. Le nombre d'objets connectés connaîtra un boom inouï, menaçant d'obsolescence l'idée même d'anonymat ou de droit à la vie privée. De 10 milliards en 2018 à probablement plusieurs milliers de milliards dans vingt ans. La possibilité de manipuler les foules, à des fins politiques ou commerciales, sera décuplée. Les tensions au sein même des sociétés les plus avancées risquent de s'en trouver exacerbées, tandis que les régimes autoritaires exploiteront ces technologies en matière de surveillance et de répression, comme le fait déjà la Chine.

L'évolution climatique, les sauts technologiques et les changements sociaux profonds modifieront l'esprit public. La tendance au regroupement en silo, favorisé par les réseaux sociaux, devrait s'accroître. On recherche la compagnie virtuelle ou physique de personnes ou de communautés qui nous sont proches sur le plan identitaire. Ce mouvement risque de conduire à « une cacophonie de visions, d'objectifs et de croyances en concurrence ». Le soupçon généralisé contre les institutions et le creusement des inégalités pourraient gravement porter atteinte à l'identité nationale, qui forge la cohésion d'un pays. « Dans les années à venir, souligne le rapport, les avancées dans l'intelligence artificielle, l'apprentissage par la machine, la 5G et d'autres technologies qui étendront l'accès à Internet pourraient réduire encore plus la confiance publique, dès lors que les gens peinent à déterminer ce qui est réel et ce qui relève de la rumeur ou de la manipulation. » La polarisation très forte des débats conduira, à son paroxysme, à des montées de violences physiques, comme en Inde contre les musulmans, cibles de rumeurs haineuses. Des violences capables de déstabiliser des États fragiles ou faillis.

La dernière partie du rapport relève du jeu intellectuel stimulant. Elle expose cinq scénarios pour l'avenir, dont trois s'articulent autour de la rivalité sino-américaine. La première est la plus optimiste et s'intitule « Renaissance des démocraties ». Rêvons un peu. Cette renaissance s'appuierait sur un boom économique, permis par un saut technologique et des approches collaboratives entre gouvernements et sociétés civiles ouvertes. En revanche, ce scénario prévoit une sorte de stagnation russe et chinoise, où le carcan répressif provoquerait une fuite des talents.

Le dernier scénario, le plus sombre, donne la chair de poule. Il imagine dans les années trente une catastrophe climatique, avec une forte hausse de l'acidité et de la température des océans, et une crise alimentaire majeure, entraînant famines et montée des violences. Fiction imaginée : des milliers de personnes tuées à Philadelphie lors d'émeutes provoquées par des rumeurs, sur les réseaux sociaux, au sujet d'une pénurie de pain. La réponse éventuelle serait la création d'un Conseil de sécurité humaine, composé de membres étatiques et non étatiques, suggère le rapport.

Collaboration ou confrontation, violence ou normes partagées, biens communs ou repli nationaliste, fragmentation ou unité imposée par l'urgence : l'avenir n'est jamais écrit, mais les termes de l'alternative posée devant nous, eux, sont déjà connus.

Piotr SMOLAR

« Les renseignements ne prétendent pas
à l'infaillibilité de leurs prophéties.
Les renseignements soutiennent simplement
que la réponse qu'ils donnent est l'estimation
la plus profonde, la plus objective
et la plus réfléchie possible. »

Sherman KENT

Fondateur de l'Office of National Estimates

SOMMAIRE

AVANT-PROPOS

Bienvenue dans la 7e édition du rapport sur les tendances mondiales du Conseil National du Renseignement. Publié tous les quatre ans depuis 1997, il évalue les principales tendances et incertitudes qui façonneront l'environnement stratégique des États-Unis au cours des deux prochaines décennies.

Ce rapport est conçu pour fournir un cadre analytique aux décideurs politiques au début de chaque administration, au moment où ils élaborent une stratégie de sécurité nationale et naviguent dans un avenir incertain. L'objectif n'est pas d'offrir une prédiction spécifique du monde en 2040 mais plutôt d'aider les décideurs et les citoyens à voir ce qu'il y a au-delà de l'horizon et à se préparer à un éventail de futurs possibles.

Chaque édition est une entreprise unique, car les auteurs du Conseil National du Renseignement développent leur propre méthodologie et formulent leur propre analyse. Ce processus comporte de nombreuses étapes : examen et évaluation des éditions précédentes pour en tirer des leçons ; recherche et découverte impliquant des consultations diverses, collecte de données et recherches commanditées ; synthèse, ébauche et rédaction ; sollicitation de commentaires internes et externes afin de corriger et d'affiner l'analyse.

L'un des éléments centraux du projet est issu de nos conversations avec ceux qui se trouvent de l'autre côté de notre barrière de sécurité. Nous avons ainsi beaucoup appris des universitaires et chercheurs dans un large éventail de disciplines, ils nous ont permis d'actualiser notre étude à l'aune des théories et données les plus récentes. Nous avons également élargi nos contacts pour prendre en compte des points de vue différents, allant d'élèves du secondaire à Washington DC à des organisations de la société civile en Afrique, de chefs d'entreprise en Asie à des praticiens de la prospective en Europe et en Asie, et à des groupes environnementaux en Amérique du Sud. Ces échanges nous ont apporté de nouvelles idées et compétences, ils nous ont permis de remettre en question nos hypothèses, ils nous ont aidés à identifier et mieux comprendre nos préjugés et nos points faibles.

L'un des principaux défis d'un projet de cette ampleur est de mettre en ordre toutes les analyses en un récit cohérent et tourné vers l'avenir. Nous avons construit ce rapport autour de deux principes d'organisation fondamentaux : l'identification et l'évaluation des grandes forces qui façonnent le futur environnement stratégique, puis l'étude de la manière dont les populations et les dirigeants agiront et répondront à ces forces.

À partir de ces principes d'organisation, nous avons construit notre analyse en trois sections générales. Tout d'abord, nous explorerons les **forces structurelles** dans quatre domaines essentiels : la démographie, l'environnement, l'économie et la technologie. Nous avons choisi ces domaines parce qu'ils sont fondamentaux pour déterminer les dynamiques futures et qu'ils sont relativement universels, mais aussi parce que nous sommes capables de proposer des projections fiables grâce aux données disponibles. La deuxième partie examinera comment ces forces structurelles vont agir entre elles et se croiser avec d'autres facteurs pour influencer les dynamiques émergentes dans trois domaines : individuel et sociétal, étatique, puis international. L'analyse de cette section comportera un degré d'incertitude plus élevé en raison de la variabilité des choix qui seront faits à l'avenir. Nous nous attacherons à identifier et à décrire les principales dynamiques émergentes à chaque niveau, y compris ce qui les anime et comment elles pourraient évoluer dans le temps. Enfin, la troisième section recensera plusieurs incertitudes majeures et nous nous en servirons afin de proposer cinq **scénarios d'avenir** pour le monde en 2040. Ces scénarios n'ont pas vocation à être des prédictions mais à élargir le champ des possibles, en explorant les diverses combinaisons des forces structurelles, des dynamiques émergentes et des incertitudes.

Lorsqu'on explore l'avenir à long terme, un autre défi consiste à choisir entre les questions que nous souhaitons approfondir et mettre en évidence et celles laissées de côté. Nous nous sommes concentrés sur les tendances et les dynamiques mondiales à long terme susceptibles d'orienter les communautés, les États et le système international au cours des prochaines décennies. Les questions et les crises à court terme sont ainsi moins développées.

C'est avec humilité que nous publions cette analyse : invariablement, l'avenir se déroulera d'une manière que nous n'avons pas prévue. Bien que ce rapport soit forcément plus spéculatif que la plupart des rapports du renseignement, nous nous appuyons sur les principes fondamentaux de notre métier d'analyste : nous construisons des arguments fondés sur des données et assortis de réserves appropriées ; nous exposons notre travail et expliquons ce que nous savons et ne savons pas ; nous envisageons des hypothèses alternatives et exposons nos erreurs potentielles ; nous ne défendons pas de positions ni de préférences politiques. Ce rapport reflète le point de vue du Conseil National du Renseignement sur ces tendances futures ; il ne représente pas le point de vue officiel et coordonné de la communauté du renseignement ni de la politique américaine.

Nous sommes fiers de publier ce rapport pour que le monde entier puisse le lire et y réfléchir. Nous espérons qu'il constituera une ressource utile et suscitera des échanges stimulants sur notre avenir collectif.

Enfin, nous tenons à remercier les collègues du Conseil National du Renseignement et de la communauté du renseignement au sens large qui ont participé à ce voyage visant à comprendre notre monde, explorer l'avenir et rédiger ce rapport.

The Strategic Futures Group
Conseil National du Renseignement
Mars 2021

INTRODUCTION

Thèmes clés

Durant l'année passée, la pandémie de Covid-19 a rappelé au monde sa fragilité et démontré les risques inhérents à une trop importante interdépendance. Dans les années et les décennies à venir, le monde va donc faire face à des défis plus intenses, du changement climatique aux perturbations dues aux nouvelles technologies et aux crises financières.

Ces défis mettront sans cesse à l'épreuve la résilience et la capacité d'adaptation des communautés, des États et du système international, dépassant souvent les compétences des systèmes et modèles existants. Ce déséquilibre imminent entre les défis actuels et futurs et la capacité des institutions et systèmes à y répondre est susceptible de s'accentuer et de susciter une forte contestation à tous les niveaux.

Dans ce monde très contesté, les communautés seront de plus en plus fracturées, les individus rechercheront la sécurité auprès de groupes partageant les mêmes idées qu'eux, sur la base d'identités établies ou émergentes ; les États de tous types et de toutes régions s'efforceront de répondre aux besoins et attentes de populations plus connectées, plus urbaines et plus autonomes ; et le système international s'avérera plus compétitif et conflictuel, alors que les acteurs étatiques et non étatiques exploiteront de nouvelles sources de pouvoir et éroderont les normes et institutions établies qui avaient fourni une certaine stabilité durant les dernières décennies.

Ces dynamiques ne sont toutefois pas immuables, et nous envisagerons divers scénarios plausibles pour le monde de 2040 – d'une renaissance démocratique à une transformation de la coopération mondiale stimulée par une tragédie commune – en fonction de l'interaction de ces dynamiques et des choix qui seront faits.

Cinq thèmes apparaissent tout au long de ce rapport et viennent étayer cette thèse générale.

DÉFIS MONDIAUX

Premièrement, les **défis mondiaux** communs – notamment le changement climatique, les maladies, les crises financières et les bouleversements technologiques – sont susceptibles de se manifester plus fréquemment et intensément dans presque toutes les régions et tous les pays. Ces défis – qui n'ont souvent pas d'agent humain direct – causeront des tensions très étendues sur les États et les sociétés, ainsi que des chocs qui pourraient s'avérer catastrophiques. La pandémie actuelle de Covid-19 est la plus forte et la plus singulière perturbation mondiale depuis la Seconde Guerre ; ses répercussions sur la santé, l'économie, la politique et la sécurité se feront sentir pendant des années. Les effets du changement climatique et de la dégradation de l'environnement risquent d'exacerber l'insécurité alimentaire et hydrique des pays pauvres, d'accroître les migrations, de créer des défis sanitaires inédits et de contribuer à l'affaiblissement de la biodiversité. De nouvelles technologies apparaîtront et se diffuseront de plus en plus rapidement, bouleversant les emplois, les industries, les communautés, la nature du pouvoir et allant jusqu'à remettre en cause la signification de l'être humain. La pression continue exercée par les migrations mondiales – en 2020, plus de 270 millions de personnes vivaient dans un pays vers lequel elles avaient migré, soit 100 millions de plus qu'en 2000 – mettra à rude épreuve à la fois les pays d'origine et de destination pour gérer les flux et leurs effets. Ces défis s'entrecroiseront et s'enchaîneront, parfois de manière difficile à anticiper. Pour assurer la sécurité nationale, il faudra non seulement se défendre contre des armées et des arsenaux, mais aussi résister et s'adapter à ces défis mondiaux communs.

FRAGMENTATION

Deuxièmement, la difficulté de relever ces défis transnationaux est aggravée en partie par la **fragmentation** croissante au sein des communautés, des États et du système international.

Paradoxalement, alors que le monde est devenu plus connecté grâce aux technologies de communication, au commerce et à la circulation des personnes, cette même connectivité a divisé et fragmenté les individus et les pays. L'environnement informationnel hyperconnecté, l'urbanisation accrue et les économies interdépendantes impliquent que la plupart des aspects de la vie quotidienne, y compris la gestion des finances, la santé et le logement, seront toujours plus connectés. L'« Internet des objets » englobait 10 milliards d'appareils en 2018 et devrait atteindre les 64 milliards d'ici 2025, voire plusieurs trillions d'ici 2040, tous surveillés en temps réel. Cette connectivité accroîtra l'efficacité, la commodité et le niveau de vie des populations. Mais elle créera aussi et exacerbera des tensions à tous les niveaux, aussi bien dans les sociétés divisées sur les valeurs fondamentales que dans les régimes utilisant la surveillance numérique pour contrôler les populations. À mesure de l'approfondissement et de la multiplication des connexions, les sociétés risquent aussi de se fragmenter en fonction des préférences nationales, culturelles ou politiques. En outre, il est probable que les individus gravitent autour de silos d'information constitués de personnes partageant des points de vue similaires, renforçant ainsi leurs croyances et leur conception de la vérité. Parallèlement, la mondialisation perdurera certainement tout en se transformant au fil du changement et de la diversification des réseaux économiques et de production. Dans l'ensemble, ces forces donnent naissance à un monde à la fois inextricablement lié par la connectivité et extrêmement fragmenté.

DÉSÉQUILIBRE

L'ampleur des défis transnationaux et les implications émergentes de la fragmentation dépassent la capacité des systèmes et structures existants, ce qui met en évidence le troisième thème : le **déséquilibre**. Il existe un décalage croissant à tous les niveaux entre les défis et les besoins pour les systèmes et organisations qui doivent y faire face. Le système international – y compris les organisations, les alliances, les règles et les normes – est mal organisé pour relever les défis mondiaux croissants auxquels les populations sont confrontées.

La pandémie de Covid-19 a fourni un exemple frappant des faiblesses de la coordination internationale en matière de crises sanitaires et de l'inadéquation entre les institutions existantes, les niveaux de financement et les futurs défis sanitaires. Au sein des États et des sociétés, il est probable qu'on observe un écart persistant et croissant entre la demande des populations et ce que les gouvernements et les entreprises peuvent leur accorder. De Beyrouth à Bogota en passant par Bruxelles, les peuples descendent de plus en plus dans la rue pour exprimer leur mécontentement, ils accusent leurs gouvernements de ne pas répondre à leurs besoins et attentes. En raison de ces troubles, les fondations en place – des institutions aux normes en passant par les types de gouvernance – sont mises à rude épreuve et, dans certains cas, s'effacent. De leur côté, les acteurs, à tous les niveaux, réfléchissent à de nouveaux modèles pour structurer la civilisation.

CONTESTATION

L'une des principales conséquences de ce déséquilibre accru est une plus grande **contestation** au sein des communautés, des États et de la communauté internationale. Nous observerons donc une flambée des tensions, des divisions et de la concurrence, dans les sociétés, les États comme au niveau international. De nombreuses sociétés sont déjà très divisées par les différentes affiliations identitaires et risquent de se fracturer davantage. Les relations entre les sociétés et les gouvernements seront soumises à une pression constante, les États s'efforçant de répondre aux demandes croissantes des populations. En conséquence, la politique au sein des États risque de devenir plus instable et plus litigieuse, et aucune région, idéologie ou système de gouvernance ne semble être à l'abri ni avoir les réponses adéquates.

Sur le plan mondial, l'environnement géopolitique sera plus compétitif, le défi majeur étant celui lancé par la Chine aux États-Unis et au système international dirigé par l'Occident. Les grandes puissances se bousculeront pour établir et exploiter de nouvelles règles du jeu. Cette contestation se joue dans des domaines allant de l'information et des médias au commerce et aux innovations technologiques.

ADAPTATION

Enfin, **l'adaptation** sera à la fois un impératif et une source essentielle de bénéfices pour tous les acteurs. Le changement climatique, par exemple, obligera presque tous les États et toutes les sociétés à s'adapter à une planète plus chaude. Certaines mesures sont aussi simples et peu coûteuses que la restauration des mangroves ou l'augmentation du stockage des eaux de pluie ; d'autres sont aussi complexes que la construction de digues et la planification du déplacement de populations entières. Les changements démographiques nécessitent également une adaptation généralisée. Les pays dont la population est très âgée, comme la Chine, le Japon et la Corée du Sud, ainsi que l'Europe, verront leur croissance économique limitée en l'absence de stratégies d'adaptation, telles que l'automatisation ou l'augmentation de l'immigration. Le rôle de la technologie sera fondamental dans ce processus d'adaptation. Ainsi, les pays capables d'exploiter les gains de productivité liés à l'intelligence artificielle (IA) verront s'élargir leurs possibilités économiques et permettront à leurs gouvernements de fournir davantage de services, de réduire la dette nationale, de financer une partie des coûts liés au vieillissement de la population et même d'aider certains pays émergents à éviter le piège des revenus intermédiaires. Les avantages de technologies telles que l'IA seront inégalement répartis au sein des États et entre eux et, plus largement, cette évolution va certainement révéler et exacerber les inégalités. Les États les plus efficaces seront probablement ceux qui parviendront d'une part à instaurer un consensus et une confiance au sein de la société en vue d'une adaptation collective, et d'autre part à utiliser l'expertise, les capacités et les relations des acteurs non étatiques pour suppléer aux lacunes de l'État.

La présente édition élabore une analyse de l'avenir en plusieurs étapes.
Tout d'abord, nous examinerons les forces structurelles en matière de démographie, d'environnement, d'économie et de technologie qui façonnent les contours de notre monde futur.
Ensuite, nous analyserons comment ces forces structurelles et d'autres facteurs, combinés aux réponses humaines, influencent les dynamiques émergentes dans les sociétés, les États et le système international.
Troisièmement, nous envisagerons cinq scénarios plausibles pour un avenir lointain, en 2040.
Les thèmes clés abordés précédemment apparaîtront dans toutes ces sections.

FORCES STRUCTURELLES

DÉMOGRAPHIE ET DÉVELOPPEMENT HUMAIN

Le ralentissement de la croissance démographique mondiale et l'augmentation de l'âge médian aideront certaines économies en développement, mais le vieillissement rapide et la contraction des populations pèseront sur de nombreuses économies développées. Les décennies de progrès dans l'éducation, la santé et la réduction de la pauvreté seront difficiles à exploiter, voire à maintenir. La pression migratoire devrait s'accentuer.

Environnement

Le changement climatique exacerbera de plus en plus les risques sur la sécurité individuelle et collective. Les États seront contraints d'effectuer des choix et compromis difficiles. Les charges seront inégalement réparties, ce qui accroîtra la concurrence, contribuera à l'instabilité, mettra à rude épreuve la préparation militaire et encouragera les mouvements politiques.

Économie

Plusieurs tendances économiques mondiales, notamment l'augmentation de la dette nationale, la complexification et la fragmentation des relations commerciales, l'expansion mondiale des services, les nouvelles perturbations de l'emploi et le renforcement des entreprises les plus puissantes constituent des facteurs de changement au sein des États et entre eux. Les planifications et réglementations vont s'intensifier, notamment de la part des grandes plateformes et sociétés de commerce électronique.

Technologie

Le rythme et les effets des développements technologiques s'accéléreront et transformeront les expériences et les capacités humaines tout en créant de nouvelles tensions et perturbations pour tous les acteurs. La course mondiale à la suprématie technologique va s'intensifier. Les technologies et applications dérivées s'accéléreront et demanderont une plus grande capacité d'adaptation.

DYNAMIQUE ÉMERGENTE

Société

De nombreuses populations seront de plus en plus pessimistes et méfiantes et devront faire face à des tendances économiques, technologiques et démographiques perturbatrices. Les nouvelles identités, la résurgence d'allégeances établies et le cloisonnement de l'information font apparaître des lignes de faille au sein des communautés et États, sapent le nationalisme civique et augmentent l'instabilité. Les populations, mieux informées, expriment plus vivement leurs demandes.

États

Les gouvernements seront confrontés à des pressions croissantes dues à la combinaison de contraintes économiques, de défis démographiques, environnementaux et autres, et de populations plus autonomes. L'écart grandissant entre les demandes du public et les réponses des gouvernements accroîtra les tensions, l'instabilité politique et menacera la démocratie. Ce décalage peut également donner naissance à des sources et des modèles de gouvernance nouveaux ou changeants.

International

Le pouvoir au sein du système international évoluera pour inclure un ensemble plus large de sources mais aucun État ne sera probablement en mesure de dominer toutes les régions ou tous les domaines. Les États-Unis et la Chine influenceront la dynamique mondiale en imposant des choix plus tranchés aux autres acteurs, en augmentant les rivalités autour des normes, règles et institutions mondiales et en accroissant le risque de conflit interétatique.

SCÉNARIOS POUR 2040

La renaissance des démocraties

Le monde connaît un véritable retour des démocraties ouvertes, dans le sillage des États-Unis et de leurs alliés. Les rapides progrès technologiques, favorisés par des partenariats public-privé aux États-Unis et dans d'autres sociétés démocratiques, transforment l'économie mondiale, augmentent les revenus et améliorent la qualité de vie de millions de personnes dans le monde. En revanche, le contrôle et la surveillance accrus des populations en Chine et en Russie freinent l'innovation.

UN MONDE À LA DÉRIVE

Le système international est sans direction, chaotique et instable car les règles et institutions internationales sont largement ignorées. Les pays de l'OCDE sont en proie à un ralentissement de la croissance économique, à une augmentation des disparités sociales et à une paralysie politique. La Chine profite des difficultés de l'Occident pour étendre son influence internationale. De nombreux défis mondiaux ne sont pas relevés.

LA COEXISTENCE COMPÉTITIVE

Les États-Unis et la Chine ont donné la priorité à la croissance économique et rétabli une relation commerciale solide, mais cette interdépendance économique existe parallèlement à une concurrence pour l'influence politique, les modèles de gouvernance, la domination technologique et l'avantage stratégique. Le risque de guerre majeure est faible, et la coopération internationale et l'innovation technologique rendent les problèmes mondiaux gérables.

DES SILOS SÉPARÉS

Le monde est fragmenté en plusieurs blocs économiques et de sécurité, de taille et de force variables, centrés sur les États-Unis, la Chine, l'Union européenne, la Russie et quelques puissances régionales, et axés sur les questions suivantes : l'autosuffisance, la résilience et la défense. Les informations circulent dans des enclaves cybernétiques distinctes, les chaînes d'approvisionnement sont réorientées et le commerce international est perturbé. Les pays en développement vulnérables sont pris entre deux feux.

TRAGÉDIE ET MOBILISATION

Une coalition mondiale, menée par l'UE et la Chine, en collaboration avec des ONG et des institutions multilatérales redynamisées, met en œuvre des changements profonds destinés à lutter contre le changement climatique, l'épuisement des ressources et la pauvreté à la suite d'une catastrophe alimentaire mondiale causée par des événements climatiques et la dégradation de l'environnement. Les pays les plus riches s'engagent à aider les pays les plus pauvres à gérer la crise, puis à passer à des économies à faible émission de carbone par le biais de vastes programmes d'aide et de transferts de technologies énergétiques avancées.

Sommaire exécutif

DÉFINITION DES PARAMÈTRES PAR LES FORCES STRUCTURELLES

Les tendances en matière de démographie et de développement humain, d'environnement, d'économie et de technologie posent les fondations et construisent les limites de notre monde futur. Dans certains domaines, ces tendances s'intensifient, comme les changements climatiques, la concentration de la population dans les zones urbaines et l'émergence de nouvelles technologies. Les tendances dans d'autres domaines sont plus incertaines – les gains en termes de développement humain et la croissance économique sont susceptibles de ralentir, voire de s'inverser dans certaines régions, même si un ensemble de facteurs pourrait modifier cette trajectoire. La convergence de ces tendances offrira des possibilités d'innovation, mais certaines communautés et certains États auront du mal à faire face et à s'adapter. Même les progrès apparents, tels que les technologies nouvelles et avancées, perturberont la vie et les moyens de subsistance de nombreuses personnes, qui éprouveront un sentiment d'insécurité et devront s'adapter.

Les tendances les plus certaines au cours des vingt prochaines années seront des changements **démographiques** majeurs, la croissance de la population mondiale ralentissant et le monde vieillissant rapidement. Certaines économies développées et émergentes, notamment en Europe et en Asie de l'Est, vieilliront plus vite encore et seront confrontées à une contraction de leur population, ce qui pèsera sur la croissance économique. À l'inverse, certains pays en développement d'Amérique latine et d'Asie du Sud, du Moyen-Orient et d'Afrique du Nord bénéficient d'une population en âge de travailler plus nombreuse, ce qui offre des possibilités de dividende démographique si l'on y associe l'amélioration des infrastructures et des compétences. Le **développement humain**, notamment la santé, l'éducation et la prospérité des ménages, a connu des améliorations historiques dans toutes les régions au cours des dernières décennies. De nombreux pays devront lutter pour s'appuyer sur ces réussites, voire pour les pérenniser. Les améliorations passées se sont concentrées sur les éléments fondamentaux que sont la santé, l'éducation et la réduction de la pauvreté, mais les prochains niveaux de développement sont plus difficiles à atteindre à cause des retombées de la pandémie du Covid-19, d'une croissance économique mondiale potentiellement plus lente, du vieillissement des populations et des effets des conflits et du climat. Ces facteurs mettront les gouvernements au défi de fournir l'éducation et l'infrastructure nécessaires pour améliorer la productivité de leurs classes moyennes urbaines croissantes dans l'économie du XXIe siècle. Alors que certains pays relèveront ces défis et que d'autres n'y parviendront pas, l'évolution des tendances démographiques mondiales aggravera presque certainement les disparités en termes d'opportunités économiques au sein des pays et entre eux au cours des deux prochaines décennies, tout en créant davantage de pressions et de conflits liés à la migration.

Dans le domaine de l'**environnement**, les effets physiques du changement climatique devraient s'intensifier au cours des deux prochaines décennies, notamment dans les années 2030.

La hausse des températures s'accompagnera de tempêtes, de sécheresses et d'inondations extrêmes, de la fonte des glaciers et des calottes glaciaires et de l'élévation du niveau des mers. L'impact se fera sentir de manière disproportionnée sur le monde en développement et les régions les plus pauvres et s'ajoutera à la dégradation de l'environnement pour créer de nouvelles vulnérabilités et exacerber les risques existants concernant la prospérité économique, l'alimentation, l'eau, la santé et la sécurité énergétique. Les gouvernements, les sociétés et le secteur privé vont probablement développer des mesures d'adaptation et de résilience pour faire face aux menaces existantes, mais il est peu probable que ces mesures soient réparties uniformément, laissant certaines populations à la traîne. Les débats vont s'intensifier sur la manière et la rapidité nécessaires pour atteindre le niveau zéro d'émissions de gaz à effet de serre.

Au cours des deux prochaines décennies, plusieurs **tendances économiques** mondiales, notamment l'augmentation de la dette nationale, un environnement commercial plus complexe et plus fragmenté, une évolution du commerce et de nouvelles perturbations de l'emploi, sont susceptibles de façonner la situation au sein des États et entre eux. De nombreux gouvernements risquent de voir leur marge de manœuvre réduite alors qu'ils doivent faire face à une dette plus lourde, à des règles commerciales diverses et à un éventail plus large de puissants acteurs étatiques et privés exerçant une influence. Les grandes entreprises – qui offrent des marchés en ligne à un grand nombre d'acheteurs et de vendeurs – pourraient favoriser la poursuite de la mondialisation des échanges et aider les petites entreprises à se développer et à accéder aux marchés internationaux. Ces entreprises puissantes essaieront probablement d'exercer une influence dans les domaines politique et social, ce qui pourrait amener les gouvernements à imposer de nouvelles restrictions. Les économies asiatiques semblent prêtes à poursuivre des décennies de croissance au moins jusqu'en 2030, bien que potentiellement plus lentement. Il est peu probable qu'elles atteignent le produit intérieur brut (PIB) par habitant ou l'influence économique des économies avancées actuelles, notamment les États-Unis et l'Europe. La croissance de la productivité reste une variable clé ; une augmentation du taux de croissance pourrait faciliter de nombreux défis économiques, de développement humain et autres.

La **technologie** offrira la possibilité d'atténuer les problèmes, comme le changement climatique et les maladies, et de créer de nouveaux défis, comme la création d'emplois. Les technologies sont inventées, utilisées, diffusées, puis abandonnées à une vitesse toujours plus grande dans le monde entier, et de nouveaux centres d'innovation apparaissent. Au cours des deux prochaines décennies, le rythme et l'ampleur de l'évolution de la technologie seront de plus en plus importants.

Les progrès dans le domaine devraient s'accélérer encore, bouleversant ainsi tout un champ d'expérience et de compétences humaines, tout en créant de nouvelles tensions et perturbations au sein et entre les sociétés, les industries et les États. Des rivaux étatiques et non étatiques se disputeront le leadership et la domination dans le domaine de la science et de la technologie, avec des risques et des implications en cascade pour la sécurité économique, militaire et sociétale.

DYNAMIQUE ÉMERGENTE

Ces forces structurelles, ainsi que d'autres facteurs, se croiseront et interagiront au niveau des sociétés, des États et du système international, créant des opportunités et défis pour les communautés, les institutions, les sociétés et gouvernements. Ces interactions risquent de favoriser une contestation plus importante encore que celle observée depuis la fin de la guerre froide, reflétant des idéologies discordantes ainsi que des points de vue contrastés sur la manière d'organiser la société et de relever les nouveaux défis.

Au sein des **sociétés**, on observera une fragmentation, une contestation croissantes des questions économiques, culturelles et politiques. Des décennies de profits et de développement ont amélioré les conditions de vie dans toutes les régions et suscité l'espoir d'un avenir meilleur. Lorsque ces tendances se stabilisent et se combinent à des changements sociaux et technologiques rapides, de larges portions de la population mondiale se méfient des institutions et des gouvernements qu'ils considèrent comme peu désireux ou incapables de répondre à leurs besoins. Les populations se tournent alors vers des groupes familiers partageant les mêmes idées qu'elles concernant la gestion de la communauté, de la sécurité, mais aussi des identités ethniques, religieuses et culturelles, ainsi que des intérêts et des causes, comme l'écologie. La combinaison de questions identitaires nouvelles et d'un système d'information plus cloisonné amplifie les lignes de fracture au sein des États, sape le nationalisme civique et accroît l'instabilité.

Sur le plan de l'**État**, les relations entre les sociétés et leurs gouvernements dans toutes les régions risquent de connaître des tensions persistantes en raison d'un décalage croissant entre les besoins et les attentes des populations et ce que les gouvernements peuvent et veulent offrir. Dans toutes les régions, les populations disposent de plus en plus d'outils, de capacités et de motivations pour défendre leurs objectifs sociaux et politiques et exiger davantage de leurs gouvernements. Alors que les populations seront de plus en plus autonomes et exigeantes, les gouvernements seront soumis à une pression accrue en raison de nouveaux défis et de ressources plus limitées. Ce fossé grandissant laisse présager une plus grande instabilité politique, une érosion de la démocratie et un élargissement des rôles des dirigeants alternatifs. Avec le temps, cette dynamique pourrait ouvrir la porte à des changements plus importants dans la façon dont les gens gouvernent.

Dans le **système international**, aucun État n'est susceptible de dominer dans toutes les régions ou tous les domaines. Un plus grand nombre d'acteurs seront en concurrence pour façonner le système international et atteindre des objectifs plus restreints. L'accélération des transformations, dans les domaines militaire, démographique, économique, environnemental et technologique, ainsi que le durcissement des divisions sur les modèles de gouvernance, risquent de renforcer la concurrence entre la Chine et une coalition occidentale dirigée par les États-Unis. Des puissances rivales vont se bousculer pour façonner les normes, les règles et les institutions mondiales, tandis que des puissances régionales et des acteurs non étatiques pourraient exercer une plus grande influence et prendre la tête de dossiers laissés de côté par les grandes puissances. Ces interactions très variées sont susceptibles d'engendrer un environnement géopolitique plus conflictuel et plus instable, de miner le multilatéralisme mondial et d'élargir le décalage entre les défis transnationaux et les dispositions institutionnelles visant à les relever.

Les réponses de l'homme à ces moteurs essentiels et à ces dynamiques émergentes détermineront la façon dont le monde évoluera au cours des deux prochaines décennies. Parmi les nombreuses incertitudes concernant l'avenir, nous avons exploré trois questions clés concernant la situation dans des régions et des pays spécifiques et les choix politiques des populations et des dirigeants qui façonneront l'environnement mondial. À partir de ces questions, nous avons élaboré cinq scénarios pour des mondes alternatifs en 2040.

• Quelle est la gravité des défis mondiaux qui se profilent ?

• Comment les États et les acteurs non étatiques s'engagent-ils dans le monde, avec quelle orientation et quel type d'engagement ?

• Enfin, quelles sont les priorités des États pour l'avenir ?

On observe une **renaissance des démocraties**. Le monde est au milieu d'une résurgence de démocraties ouvertes menées par les États-Unis et leurs alliés. Les avancées technologiques rapides favorisées par les partenariats public-privé aux États-Unis et dans d'autres sociétés démocratiques transforment l'économie mondiale, augmentent les revenus et améliorent la qualité de vie de millions de personnes dans le monde. La croissance économique et les réalisations technologiques permettent de répondre aux défis mondiaux, d'atténuer les divisions sociétales et de renouveler la confiance du public dans les institutions démocratiques. En comparaison, le contrôle et la surveillance accrus en Chine et en Russie ont étouffé le domaine de l'innovation, alors que des scientifiques et des entrepreneurs de premier plan ont cherché asile aux États-Unis et en Europe.

Nous sommes dans **un monde à la dérive** : le système international est sans direction, chaotique et instable car les règles et institutions internationales sont largement ignorées par les grandes puissances comme la Chine, les acteurs régionaux et les acteurs non étatiques. Les pays de l'Organisation de coopération et de développement économiques (OCDE) sont en proie à un ralentissement de la croissance économique.

La Chine profite des difficultés de l'Occident pour étendre son influence internationale, notamment en Asie. Mais Pékin n'a ni la volonté ni la puissance militaire nécessaires pour assumer le leadership mondial, laissant de nombreux défis, tels que le changement climatique et l'instabilité dans les pays en développement, largement non résolus.

Acteurs majeurs de la **coexistence compétitive**, les États-Unis et la Chine ont donné la priorité à la croissance économique et rétabli une relation commerciale solide, mais cette interdépendance économique existe parallèlement à la concurrence pour l'influence politique, les modèles de gouvernance, la domination technologique et l'avantage stratégique. Le risque d'une guerre majeure est faible, et la coopération internationale et l'innovation technologique rendent les problèmes mondiaux gérables à court terme pour les économies avancées, mais les défis climatiques à plus long terme demeurent.

Nous vivons dans **des silos séparés** : le monde est fragmenté en plusieurs blocs économiques et de sécurité de taille et de force variables, centrés sur les États-Unis, la Chine, l'Union européenne (UE), la Russie et quelques puissances régionales ; ces blocs sont axés sur l'autosuffisance, la résilience et la défense. Les informations circulent dans des enclaves cyber-souveraines distinctes, les chaînes d'approvisionnement sont réorientées et le commerce international est perturbé. Les pays en développement vulnérables sont pris entre deux feux, certains étant sur le point de devenir des États défaillants. Les problèmes mondiaux, notamment le changement climatique, sont abordés de façon sporadique, voire pas du tout.

C'est le temps de la **tragédie et de la mobilisation**. Une coalition mondiale, dirigée par l'Union européenne et la Chine, travaillant avec des organisations non gouvernementales et des institutions multilatérales revitalisées, cherche des solutions pour lutter contre le changement climatique, l'épuisement des ressources, la pauvreté causée par la pénurie alimentaire mondiale et la dégradation de l'environnement. Les pays les plus riches s'efforcent d'aider les pays les plus pauvres à gérer la crise, puis à passer à des économies à faible émission de carbone par le biais de vastes programmes d'aide et de transferts de technologies énergétiques avancées, en reconnaissant la rapidité avec laquelle ces défis mondiaux se propagent au-delà des frontières.

Le facteur Covid-19 : une incertitude grandissante

La pandémie de covid-19 est apparue à l'échelle mondiale en 2020, causant des ravages dans le monde entier, tuant plus de 2,5 millions de personnes au début de l'année 2021, dévastant des familles et des communautés, et perturbant les économies et les dynamiques politiques au sein des pays et entre eux. Les éditions précédentes de ce rapport prévoyaient de nouvelles maladies et imaginaient même des scénarios de pandémie, mais nous n'avions pas une image complète de l'ampleur et de la profondeur de son potentiel disruptif. Le Covid-19 a ébranlé les idées reçues sur la résilience et l'adaptation et a fait naître de nouvelles incertitudes concernant l'économie, la gouvernance, la géopolitique et la technologie.

Pour comprendre et évaluer l'impact de cette crise, nous avons examiné et débattu d'un large éventail de nos hypothèses et évaluations liées aux principales tendances mondiales. Nous avons posé une série de questions : quelles tendances existantes vont perdurer, quelles tendances s'accélèrent ou se ralentissent en raison de la pandémie, et où sommes-nous susceptibles de connaître des changements fondamentaux et systémiques ? Les perturbations sont-elles temporaires ou bien la pandémie pourrait-elle libérer de nouvelles forces capables de façonner l'avenir ? Tout comme les attaques terroristes du 11 septembre 2001, la pandémie de Covid-19 est susceptible de produire des changements qui se feront sentir pendant des années et modifieront notre façon de vivre, de travailler et de gouverner au niveau national et international. L'ampleur de ces changements reste cependant très incertaine.

ACCÉLÉRATION ET ACCENTUATION DE CERTAINES TENDANCES

La pandémie et les réponses nationales correspondantes semblent affiner et accélérer plusieurs tendances qui étaient déjà en cours avant l'épidémie. L'épidémie de Covid-19 a mis en évidence les problèmes de santé et de soins à l'échelle mondiale, mais aussi exposé et, dans certains cas, élargi les fissures sociales, souligné les grandes disparités en matière d'accès aux soins et aux infrastructures, et interrompu les efforts de lutte contre d'autres maladies. La pandémie a également mis en évidence les faiblesses de la coordination internationale sur la question des crises sanitaires et l'inadéquation entre les institutions existantes, les niveaux de financement et les futurs défis sanitaires.

Déterminer les tendances économiques. Les confinements, les quarantaines et la fermeture des frontières internationales ont déterminé certaines tendances économiques préexistantes, notamment la diversification des chaînes d'approvisionnement mondiales, l'augmentation de la dette nationale et l'intervention accrue des gouvernements dans les différentes économies. À l'avenir, certaines des modifications apportées par cette période de crise, et la dette, en particulier celle des économies en développement, pèseront sur les pays pendant de nombreuses années.

Renforcer le nationalisme et la polarisation. Le nationalisme et la polarisation sont en hausse dans de nombreux pays, en particulier le nationalisme d'exclusion. Les efforts déployés pour contenir et gérer le virus ont renforcé les tendances nationalistes à l'échelle mondiale, certains États se repliant sur eux-mêmes pour protéger leurs citoyens et rejetant parfois la faute sur les groupes marginalisés. La réponse à la pandémie a alimenté l'esprit partisan et la polarisation dans de nombreux pays, les groupes se disputant sur la meilleure façon de réagir et cherchant des boucs émissaires à blâmer pour la propagation du virus et la lenteur des réactions.

Aggravation des inégalités. L'impact économique disproportionné du Covid-19 a fragilisé un peu plus les personnes à faible revenu. Lorsque le Covid-19 sera enfin maîtrisé, de nombreuses familles auront probablement subi de nouveaux revers, en particulier celles travaillant dans le secteur des services ou le secteur informel ou ayant quitté le marché du travail pour s'occuper de personnes dépendantes – principalement des femmes. La pandémie a mis en évidence la fracture numérique au sein des pays et entre eux, tout en stimulant les efforts pour améliorer l'accès à Internet.

Perturbation de la gouvernance. La pandémie met à rude épreuve la capacité des gouvernements à fournir des services et contribue à réduire le niveau de confiance envers les institutions des pays qui n'ont pas géré efficacement la réponse. La pandémie exacerbe l'aspect confus et polarisé du monde de l'information, ce qui sape la confiance du public dans les autorités sanitaires, en particulier dans les sociétés ouvertes. Dans certains pays, les régimes oppressifs utilisent la pandémie comme un prétexte pour réprimer plus sévèrement la dissidence et restreindre les libertés civiques, situation qui risque de durer plus longtemps que la maladie.

Mise en évidence de l'échec de la coopération internationale. La pandémie de Covid-19 a souligné les faiblesses et les clivages politiques des institutions internationales, telles que l'Organisation mondiale de la santé (OMS) et les Nations unies, et a remis en question la capacité et la volonté des pays à coopérer de manière multilatérale pour relever les défis communs au-delà des maladies infectieuses, notamment le changement climatique. L'OMS, qui a dû faire face à d'importantes difficultés de financement et à une résistance de la part des régimes de surveillance, est confrontée à son plus grave séisme depuis près de deux décennies. Toutefois, la crise pourrait finalement amener les acteurs à procéder à des réformes plus profondes, à normaliser la collecte et le partage des données et à forger de nouveaux partenariats public-privé.

Valoriser le rôle des acteurs non étatiques. Les acteurs non étatiques, de la Fondation Gates aux entreprises privées, ont joué un rôle crucial dans la recherche de vaccins ou la modernisation d'équipements pour produire en masse des fournitures médicales et des équipements de protection individuelle. Les réseaux non étatiques viendront compléter l'action nationale et intergouvernementale dans les futures crises sanitaires, notamment dans les domaines de prévention, de traitement, de facilitation du partage des données et de mise au point de vaccins.

TANDIS QUE D'AUTRES TENDANCES DÉCÉLÈRENT OU FONT MARCHE ARRIÈRE

Le Covid-19 ralentit, voire inverse, certaines tendances de longue date en matière de développement humain, notamment la baisse de la pauvreté et des maladies et la réduction des inégalités entre les sexes. Les renversements les plus durables pourraient concerner la diminution de la pauvreté en Afrique, en Amérique latine et en Asie du Sud, suivis d'un recul en matière d'égalité des genres. Les ressources consacrées à la lutte contre le Covid-19 et les restrictions sociales pourraient annuler des années de progrès contre le paludisme, la rougeole, la polio et d'autres maladies infectieuses en consommant des ressources financières, matérielles et humaines.

L'urgence du Covid-19 a une chance de rapprocher les régions plus encore que les crises précédentes ne l'ont fait.

Bien que les pays européens aient imposé, au début de la crise, des restrictions sur le trafic frontalier et les exportations de fournitures médicales essentielles, l'Union européenne s'est ralliée à un plan de sauvetage économique et à d'autres mesures d'urgence qui pourraient renforcer le projet d'intégration européenne à l'avenir. Le Covid-19 pourrait également entraîner une réorientation des budgets nationaux vers la réponse à la pandémie et le redressement économique, en détournant des fonds alloués à la défense, aux aides étrangères et aux programmes d'infrastructure dans certains pays, du moins à court terme.

PLUS DE QUESTIONS QUE DE RÉPONSES

Les effets secondaires et imprévus de la pandémie de Covid-19 nous ont rappelé à quel point l'avenir est incertain, tant à court qu'à long terme. En tant que chercheurs et analystes, nous devons rester vigilants, nous poser les questions essentielles, remettre en cause nos hypothèses en permanence, revoir nos préjugés et être à l'affût de toutes les mutations. Nous devons nous attendre à l'inattendu et appliquer les leçons de cette pandémie à notre réflexion sur l'avenir.

FORCES STRUCTURELLES

Établir les paramètres

Les évolutions géographiques, environnementales, économiques et technologiques façonneront le monde dans lequel nous vivrons au cours des prochaines décennies. Ces mutations structurelles – à la fois individuelles et collectives – permettront aux individus, aux communautés et aux gouvernements de toutes les régions du monde d'améliorer leur façon de vivre, travailler et prospérer.

En outre, l'accélération et l'entrelacement de ces tendances susciteront des défis nouveaux, plus intenses, auxquels vont devoir faire face les sociétés et les gouvernements.

Après plusieurs décennies d'avancées extraordinaires en matière de développement humain, de nombreux pays risquent d'avoir des difficultés à tirer parti de ces progrès, voire à les pérenniser. En effet, plus les populations sont nombreuses et les ressources limitées, plus il est difficile d'élever le niveau dans les domaines de l'éducation et des soins. En outre, les conséquences du dérèglement climatique – températures plus élevées, précipitations irrégulières, élévation du niveau des mers – toucheront certes tous les pays, mais affecteront de manière disproportionnée les régions en développement et les plus pauvres. Le rythme et la portée des avancées technologiques vont probablement s'intensifier et s'accélérer. Cette tendance permettra à la fois de développer des compétences mais aussi de créer de nouvelles tensions et perturbations au sein des sociétés, des industries et des États entre eux. Plusieurs tendances économiques mondiales – notamment l'augmentation de la dette souveraine, les nouvelles perturbations du secteur de l'emploi, un environnement commercial plus complexe et fragmenté, et la montée en puissance des entreprises les plus importantes – sont susceptibles de modifier la situation au sein des États et entre eux.

Ces facteurs structurels peuvent se répercuter de manière imprévisible, donnant à certains pays la possibilité de relever ces défis et même de prospérer, tandis que d'autres, accablés par une confluence de tendances moins favorables, seront mis en difficulté. L'évolution des tendances démographiques aggravera certainement les disparités économiques et politiques au sein des pays et entre eux, accentuant les tensions au niveau de la gouvernance des États mais aussi en termes de migrations. Ces pressions vont accroître les frictions entre les États. Des rivaux étatiques et non étatiques se disputeront la suprématie dans le domaine de la science et de la technologie, engendrant des risques et conséquences en cascade pour la sécurité économique, militaire, diplomatique et sociétale. De nombreux gouvernements pourraient voir leur marge de manœuvre réduite face à l'alourdissement du fardeau de la dette, à la diversité des règles commerciales et à la pression de nombreux et puissants acteurs étatiques et privés. Pendant ce temps, les économies asiatiques poursuivront leur croissance, au moins jusqu'en 2030, et chercheront à utiliser leur poids économique et démographique pour influencer les institutions et les conventions internationales.

FORCES STRUCTURELLES

Démographie et développement humain

PRINCIPAUX POINTS À RETENIR

- Le ralentissement de la croissance démographique et l'augmentation de l'âge médian mondial offrent de potentielles opportunités financières à certaines économies en développement, mais le vieillissement rapide, le resserrement autour de la tranche d'âge la plus élevée dans certaines économies développées, et notamment en Chine, pèseront sur la croissance.

- Les pays relativement pauvres d'Afrique subsaharienne et d'Asie du Sud seront à l'origine de la majeure partie de la croissance démographique mondiale. Ils connaîtront parallèlement une urbanisation rapide, qui dépassera très probablement leur capacité à fournir les infrastructures et les systèmes éducatifs nécessaires pour exploiter pleinement leur potentielle croissance économique.

- Les changements démographiques et les intérêts économiques devraient accroître la pression migratoire en provenance des pays en développement, principalement de l'Afrique subsaharienne, et principalement vers les pays développés vieillissants. Les conflits et les perturbations climatiques aggraveront ces tendances migratoires.
- Ces tendances démographiques et humaines pèseront sur les gouvernements pour qu'ils augmentent les investissements publics et contrôlent l'immigration. Elles risquent de nourrir une instabilité, de contribuer à la montée en puissance de l'Asie et d'alourdir la mission des institutions internationales déjà surchargées.

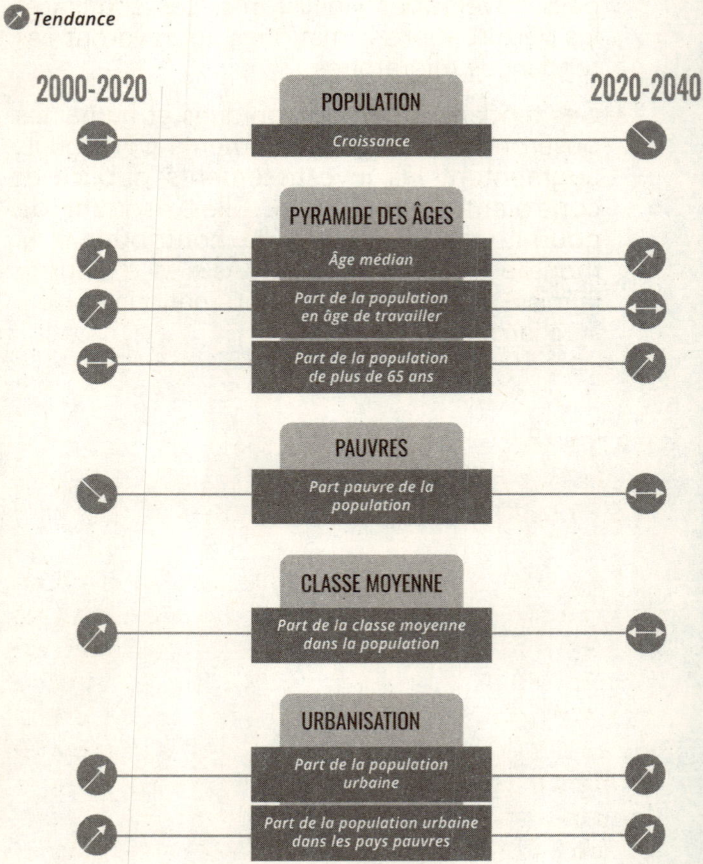
Tendance
2000-2020
2020-2040
POPULATION
Croissance
PYRAMIDE DES ÂGES
Âge médian
Part de la population en âge de travailler
Part de la population de plus de 65 ans
PAUVRES
Part pauvre de la population
CLASSE MOYENNE
Part de la classe moyenne dans la population
URBANISATION
Part de la population urbaine
Part de la population urbaine dans les pays pauvres

Les taux de natalité vont rester faibles et l'âge médian va augmenter. Les pays développés et de nombreuses économies émergentes verront leur population atteindre un pic, puis commencer à diminuer d'ici 2040.

RALENTISSEMENT DE LA CROISSANCE DÉMOGRAPHIQUE, VIEILLISSEMENT DES POPULATIONS

Au cours des vingt prochaines années, la population mondiale continuera d'augmenter chaque année, s'accroissant d'environ 1,4 milliard de personnes pour atteindre un chiffre estimé à 9,2 milliards en 2040, mais le taux de croissance démographique ralentira sur l'ensemble de la planète. La croissance de la population dans la plupart des pays d'Asie diminuera rapidement, et après 2040 la population se resserrera autour des personnes les plus âgées. Bien que la croissance démographique de l'Inde ralentisse, elle dépassera la Chine et deviendra le pays le plus peuplé du monde vers 2027. Les taux de natalité restant faibles et l'âge médian ne cessant d'augmenter, la plupart des économies développées et une poignée d'économies émergentes verront leur population atteindre un pic, puis commencer à diminuer d'ici 2040, notamment la Chine, le Japon, la Russie et de nombreux pays européens. En revanche, l'Afrique subsaharienne élargie représentera environ les deux tiers de la croissance démographique mondiale et devrait presque doubler sa population actuelle d'ici 2050, ce qui laisse présager des pressions considérables sur les infrastructures, l'éducation et les soins de santé.

Vieillir : une opportunité et un fardeau

La combinaison de la diminution du nombre d'enfants par femme et de l'allongement de la durée de vie fera passer l'âge de la population mondiale d'une médiane d'environ 31 ans en 2020 à 35 ans en 2040. Dans les pays à revenu intermédiaire, la baisse du taux de natalité et le vieillissement de la population pourront favoriser une amélioration du développement humain via l'augmentation de la part des adultes en âge de travailler dans la population, la participation accrue des femmes au marché du travail et la stabilité sociale engendrée par une population majoritairement plus âgée. Toutefois, l'évolution des structures d'âge posera des problèmes à certains gouvernements, notamment dans les pays en développement dont les populations vieillissent parfois avant d'atteindre des revenus plus élevés – c'est le cas de la Chine et de l'Europe de l'Est – et dans les pays pauvres où le nombre de jeunes s'accroît plus rapidement que la construction des infrastructures.

Les populations plus âgées. L'augmentation du taux de dépendance des personnes âgées – la population âgée de 65 ans et plus par rapport à la population en âge de travailler – peut peser sur la croissance, même avec des stratégies d'adaptation, telles que l'automatisation et l'immigration accrue. Dans de nombreux pays vieillissants, dont un certain nombre d'économies avancées, la tranche des plus de 65 ans devrait approcher les 25 % de la population totale d'ici 2040, contre 15 % seulement en 2010. Le Japon et la Corée du Sud devraient atteindre des âges médians de plus de 53 ans en 2040, contre 48 et 44 respectivement. L'Europe n'est pas loin derrière avec un âge médian moyen projeté de 47 ans, et des pays particulièrement vieillissants comme la Grèce, l'Italie et l'Espagne. Ces pays devraient connaître un nouveau ralentissement de leur productivité au cours des prochaines décennies, car les travailleurs âgés affichent généralement moins de gains de productivité et une part plus importante du revenu national sera consacrée aux pensions et aux soins de santé des personnes âgées.

Populations en âge de travailler. Les pays dont les populations en âge de travailler sont nombreuses et où les personnes à charge, jeunes et âgées, le sont relativement peu, verront leurs ménages épargner et investir dans le développement humain. Les régions concernées seront l'Asie du Sud, l'Amérique latine, le Moyen-Orient et l'Afrique du Nord. 68 % de la population de l'Asie du Sud sera en âge de travailler en 2040, contre 66 % en 2020. L'Amérique latine, le Moyen-Orient et l'Afrique du Nord bénéficieront probablement aussi d'une proportion de population en âge

■ L'AFRIQUE SUBSAHARIENNE, probable championne de la croissance démographique dans les décennies à venir

POPULATION MONDIALE : CHANGEMENT ANNUEL PAR RÉGION, 1951-2100

Millions de personnes

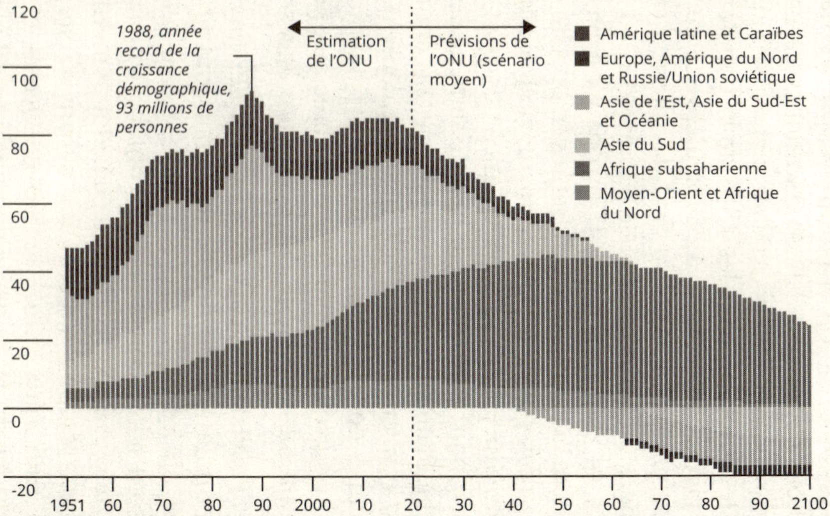

Source : Nations unies

de travailler supérieure à 65 % au cours des vingt prochaines années. Les possibilités de croissance économique ne se concrétiseront que si ces travailleurs sont correctement formés et trouvent un emploi. Les défis actuels de l'Asie du Sud en matière de création d'emplois, d'adoption des technologies et de formation des compétences laissent penser qu'elle aura des difficultés à tirer pleinement parti de sa main-d'œuvre potentielle.

Populations jeunes. Au cours des deux prochaines décennies, les pays ayant une forte proportion de jeunes devront répondre aux besoins fondamentaux de leur population, et risquent de subir une certaine instabilité sociale souvent associée à l'explosion de la jeunesse. En Afrique subsaharienne, l'âge moyen ne devrait augmenter que légèrement pour atteindre 22 ans en 2040, ce qui reste bien en deçà du seuil d'âge médian de 30 ans, souvent associé à des niveaux plus élevés de développement humain. Plus d'un tiers de la population d'Afrique subsaharienne aura moins de 15 ans en 2040, contre seulement 14 % de la population d'Asie de l'Est. Les autres pays les plus peuplés qui resteront très probablement sous le seuil de l'âge médian en 2040 sont l'Afghanistan, l'Égypte et le Pakistan.

L'URBANISATION MODIFIE LES BESOINS DE DÉVELOPPEMENT

Au cours des vingt prochaines années, le succès ou l'échec des villes déterminera les opportunités et la qualité de vie d'une part croissante de la population mondiale. La part de la population urbaine devrait passer de 56 % en 2020 à près des deux tiers en 2040, et la quasi-totalité de cette croissance se réalisera dans les pays en développement. À l'échelle mondiale, les grandes villes de plus d'un million d'habitants ont connu une croissance deux fois plus rapide que celle de la population globale. Près de 30 % de la population mondiale vivra dans ces grandes villes d'ici 2035, contre 20 % en 2020, selon les projections de l'ONU. Certains des pays les moins développés du monde connaîtront la croissance la plus rapide de leur population urbaine. Le nombre de résidents urbains dans les pays pauvres devrait augmenter, passant d'un milliard à plus de 2,5 milliards d'ici 2040, selon les projections de la division de la population des Nations unies. L'Afrique subsaharienne et l'Asie du Sud contribueront respectivement pour près de la moitié et d'un tiers à l'augmentation de l'urbanisation des pays pauvres.

L'urbanisation a toujours été un moteur essentiel du développement économique, car les travailleurs occupent des emplois plus productifs dans les villes et les familles y bénéficient d'une meilleure éducation et d'infrastructures de qualité. Cependant, les pays les plus pauvres qui s'urbanisent rapidement risquent de tirer moins de bénéfices de ce cycle de développement vertueux. De nombreux gouvernements de pays en développement – même en travaillant avec le secteur privé et les organisations non gouvernementales – rencontreront des difficultés à financer les infrastructures de transport urbain, de services publics et d'éducation nécessaires. Une étude de la Banque mondiale de 2017 a montré comment certaines zones urbaines d'Afrique subsaharienne

■ **RÉPARTITION DE LA POPULATION URBAINE PAR TRANCHES DE REVENU**

Les centres urbains des pays pauvres se développent beaucoup plus rapidement que ceux des pays riches. En 1950, plus de la moitié des citadins du monde se trouvaient dans des pays à revenu élevé ; en 2050, près de la moitié se trouveront dans des pays pauvres.

RÉPARTITION DE LA POPULATION URBAINE PAR TRANCHES DE REVENU, 1950-2050

Part en % de la population urbaine mondiale

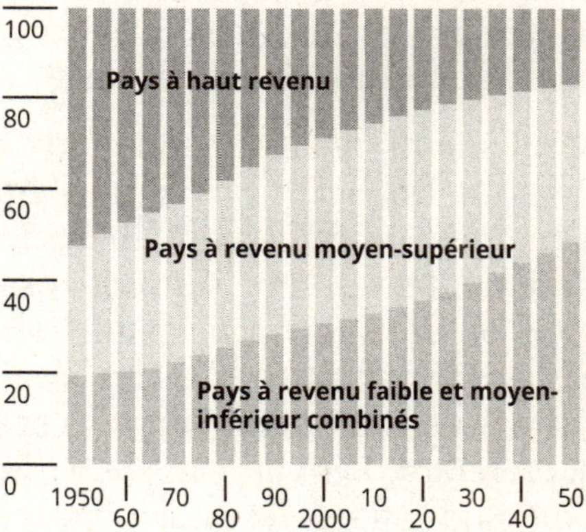

Source : Nations unies

se retrouvent piégées par la pauvreté en raison des compétences insuffisantes de leurs travailleurs et des réseaux de transports dégradés qui entraînent des coûts plus élevés mais des revenus plus faibles pour les travailleurs. En outre, les taux de natalité dans les villes d'Afrique subsaharienne sont supérieurs aux autres régions en développement, ce qui peut aggraver le chômage au fil du temps en augmentant l'offre de main-d'œuvre dans les villes plus rapidement que les emplois ne peuvent être créés.

Ces pays à revenus faibles et moyens-inférieurs seront plus exposés à l'insécurité alimentaire à mesure de leur urbanisation. Ils ne produisent actuellement qu'un tiers de la nourriture par habitant comparés aux pays à revenus moyens-supérieurs et à revenus élevés, ce qui rend nombre d'entre eux dépendants des importations. Les systèmes de distribution alimentaire de ces pays sont soumis à de plus fortes pressions et sont moins résistants aux catastrophes (sécheresses, inondations...). De plus, les ménages urbains n'ont pas accès à une agriculture de subsistance.

Les dérèglements environnementaux risquent d'engendrer un impact humain plus important dans les régions nouvellement urbanisées, car les populations denses sont souvent rassemblées sur les côtes ou dans des zones vulnérables dans lesquelles les infrastructures et les systèmes de contrôle et prévention des inondations et des tempêtes sont en retard. Les villes en plein essor d'Asie de l'Est, du Sud-Est et du Sud à revenus intermédiaires, ainsi que les zones urbaines à faibles revenus d'Afrique de l'Est et du Sud, sont déjà exposées au plus grand nombre de catastrophes par habitant, d'après les statistiques de la base de données sur les catastrophes internationales.

LES DÉFIS ASSOCIÉS AU DÉVELOPPEMENT

De nombreux pays vont se retrouver confrontés à des défis dans les domaines de l'éducation, de la santé et de la lutte contre la pauvreté. Au cours des vingt dernières années, au moins 1,2 milliard de personnes sont sorties de la pauvreté – leur revenu a dépassé 3,20 dollars par jour, ce qui équivaut au seuil de pauvreté moyen dans les pays à faibles revenus. En outre, près de 1,5 milliard de personnes ont atteint le niveau de revenu de la classe moyenne, soit au moins 10 dollars par jour, grâce à un cycle vertueux de croissance économique et de développement social dans chaque région. Les améliorations fondamentales apportées en matière de santé, d'éducation et d'égalité entre les sexes ont entraîné une hausse du revenu par habitant. En conséquence, la capacité fiscale des ménages et des gouvernements a permis de nouvelles améliorations, en particulier dans les pays moins développés.

Toutefois, il sera probablement plus difficile de réaliser des progrès aussi soutenus au cours des deux prochaines décennies, notamment en raison du potentiel de croissance économique plus lente et inégale. Pour accéder à de plus grands niveaux de développement – l'enseignement secondaire et supérieur, la formation aux compétences numériques, la construction d'un réseau efficace d'infrastructures urbaines, l'amélioration de la condition des femmes et des groupes minoritaires – les pays doivent surmonter des obstacles sociaux, améliorer leur stabilité politique et augmenter l'investissement gouvernemental ou privé dans les services publics. Dans une grande partie du monde en développement, les gains initiaux en matière de développement social résultent essentiellement de la transition économique favorisant le passage du primaire au tertiaire. Ainsi, les gouvernements ont encouragé les populations issues de l'agriculture à chercher des emplois salariés dans les domaines de la santé,

■ PROGRÈS DU DÉVELOPPEMENT

NOMBRE DE NAISSANCES PAR FEMME EN ÂGE DE PROCRÉER (TAUX DE FÉCONDITÉ GLOBALE), 1960-2040

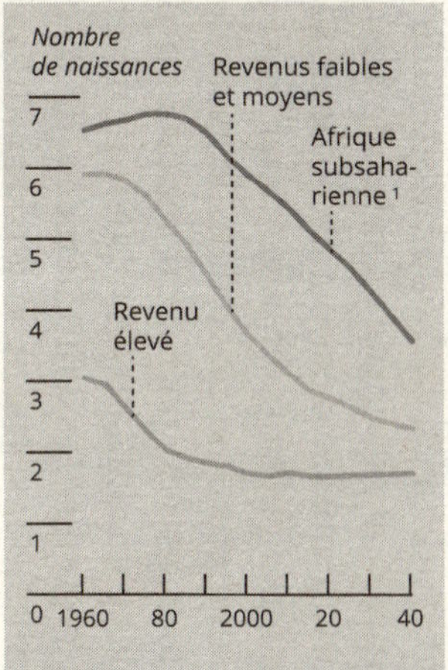

Source: Division de la population des Nations unies et Centre Pardee de l'Université de Denver.

MORTALITÉ INFANTILE LORS DE LA PREMIÈRE ANNÉE, 1960-2040

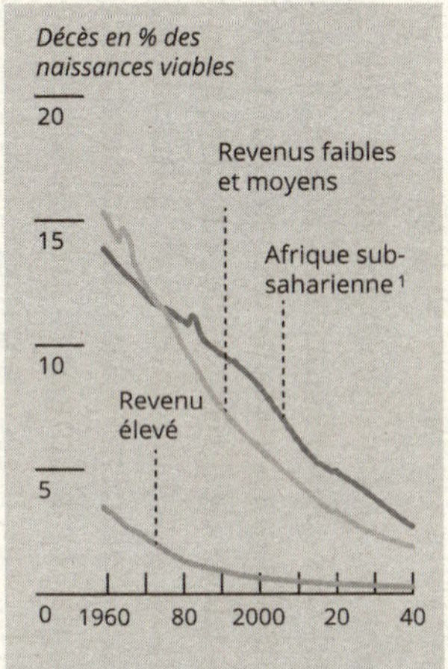

Source: IHME et Centre Pardee de l'Université de Denver.

TAUX DE RÉUSSITE EN MATIÈRE D'ÉDUCATION SECONDAIRE, 1960-2040

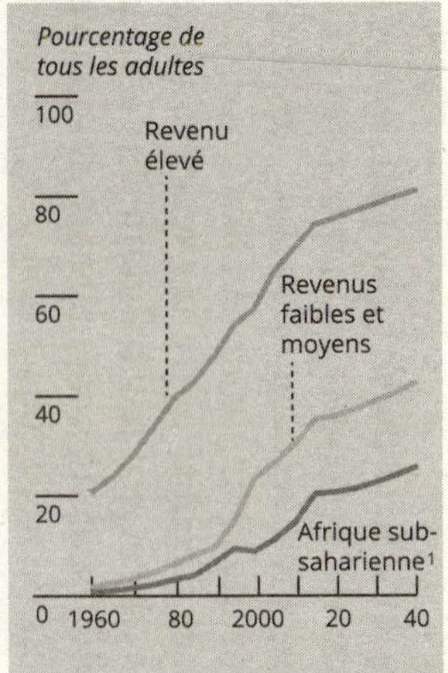

Source: Centre Barro-Lee et Centre Pardee de l'Université de Denver.

[1] L'Afrique subsaharienne est également prise en compte dans les données des pays à revenus faibles et moyens.

de l'éducation et de l'égalité entre les sexes. Dans les pays à revenus intermédiaires, ces objectifs ont déjà été atteints – la mortalité infantile, par exemple, est minime et aujourd'hui la question de l'éducation primaire est quasiment généralisée au monde entier. Mais de nouveaux défis, tels que la pollution et les maladies non transmissibles, apparaissent. Compte tenu de l'augmentation rapide du nombre de ménages à revenus moyens au cours des deux dernières décennies, les gouvernements pourraient avoir du mal à répondre aux besoins et attentes d'une classe moyenne mondiale plus urbanisée, plus connectée et en pleine expansion.

Des progrès pour les femmes. Au cours des dernières décennies, le monde a connu des progrès remarquables en matière de santé et d'éducation élémentaire des femmes, ainsi qu'un élargissement des droits légaux dans de nombreux pays. Dans la plupart des économies en développement, le taux de natalité est passé en 2020 à moins de trois enfants par femme en âge de procréer, et l'âge de la première naissance est plus élevé, ce qui accroît les possibilités d'éducation et de travail en dehors du foyer. L'Afrique subsaharienne continue de demeurer la plus grande exception dans ce domaine : les taux de natalité ont diminué ces dernières années, mais ils s'établissaient en moyenne à 4,9 en 2020 et devraient rester élevés. La mortalité maternelle a été réduite de plus d'un tiers au cours des vingt dernières années, l'Asie du Sud étant à l'origine d'une grande partie de ces améliorations. La majorité des économies en développement ont rapidement réduit le retard du niveau d'éducation des filles, bien que le nombre moyen d'années d'éducation pour les filles ne représente encore que 81 % du nombre d'années pour les garçons en Afrique subsaharienne. Cet écart d'éducation entre les sexes dans cette région ne devrait pas se combler au cours des deux prochaines décennies, contrairement au reste du monde en développement.

Les sociétés patriarcales d'Asie du Sud et des États arabes présentent les plus grands écarts en matière d'égalité globale entre les sexes au sein du foyer, au travail et pour les soins médicaux. Ce déficit devrait se poursuivre au cours des vingt prochaines années. Bien que les femmes soient les principales productrices de denrées alimentaires dans le monde, elles n'ont que des droits limités ou nuls à la propriété foncière dans de nombreuses régions. La subordination des femmes aux hommes, quel que soit leur niveau d'éducation, est inscrite dans le droit de la famille dans beaucoup de pays du Moyen-Orient, d'Asie du Sud et d'Afrique subsaharienne. Selon une étude de l'ONU pour 2020, les femmes ne détiennent que 25 % des sièges dans les législatures nationales en 2020 – bien que ce chiffre soit deux fois plus élevé qu'en 2000 –, elles occupent un quart des postes de direction dans les entreprises et représentent moins d'un dixième des directeurs généraux des grandes entreprises.

Amélioration de la survie et du bien-être des enfants. Dans de nombreux pays, les deux dernières décennies ont été marquées par des progrès rapides dans la réduction de la malnutrition et de la mortalité infantile, principalement en raison de la diminution des maladies transmissibles évitables. Il n'y aura donc pas de nouvelles améliorations spectaculaires sur ce front. Les progrès seront particulièrement lents dans les régions où les conflits et les crises s'accroissent. Dans les années 1960, 13 % des nourrissons mouraient au cours de leur première année de vie dans l'ensemble du monde en développement. Aujourd'hui, ce chiffre dépasse à peine 3 % en moyenne dans le monde en développement. La région où les défis à relever sont les plus importants est l'Afrique subsaharienne, où 5 % des nourrissons meurent au cours de leur première année, en grande partie parce que la pauvreté et les taux de maladies transmissibles restent élevés.

Élargir l'accès à l'éducation. Le niveau d'éducation est un moteur extrêmement puissant du développement humain. Il évolue lentement mais l'amélioration de l'éducation contribue sans aucun doute aux gains attendus tout au long de la vie. Au niveau mondial, la proportion d'adultes ayant terminé l'enseignement primaire a atteint 81 % en 2020, reflétant une augmentation rapide dans la plupart des régions et des groupes de revenus depuis les années 1960. Ce niveau d'instruction varie selon les pays en développement, allant jusqu'à 92 % de l'ensemble des adultes dans les pays d'Amérique latine, d'Asie de l'Est et du Pacifique et d'Europe, et jusqu'à seulement 60 % en Afrique subsaharienne.

LES FUTURS DÉFIS MONDIAUX EN MATIÈRE DE SANTÉ

Les progrès réalisés en matière de santé élémentaire au cours des dernières décennies – meilleur accès aux médicaments et aux vaccins, amélioration des procédures médicales – ont permis de réduire les maladies, d'améliorer la santé globale, d'accroître la longévité pour un grand nombre de personnes dans le monde. Cependant, au cours des deux prochaines décennies, plusieurs défis sanitaires risquent de persister et de s'étendre, en partie à cause de la croissance démographique, de l'urbanisation et de la résistance aux antimicrobiens.

Stagnation des progrès dans la lutte contre les maladies infectieuses

Les progrès internationaux contre la tuberculose et le paludisme ont marqué le pas ces dernières années. De 2015 à 2019, le nombre de cas de tuberculose résistante aux médicaments dans le monde a augmenté, et les cas de paludisme n'ont diminué que de 2 %, contre 27 % au cours des quinze années précédentes, en partie à cause du nivellement des investissements internationaux. À l'avenir, les maladies infectieuses anciennes, émergentes et réémergentes continueront de présenter un danger pour les individus et les communautés. L'incidence de nouvelles pandémies est également susceptible d'augmenter en raison du risque accru de contamination de l'homme par de nouveaux agents pathogènes animaux et des facteurs qui favorisent la propagation, tels que la mobilité humaine et la densité de population.

Résistance antimicrobienne croissante

La résistance aux traitements antibiotiques augmente dans le monde, en partie à cause de leur sur-utilisation et de leur mauvaise utilisation dans les soins vétérinaires comme dans la médecine humaine. Les infections résistantes aux médicaments causent plus d'un demi-million de décès par an. Le coût économique cumulé pourrait atteindre 100 000 milliards de dollars entre 2020 et 2050 en raison de la perte de productivité et du coût élevé des séjours prolongés à l'hôpital ou des traitements.

Augmentation des niveaux de maladies non transmissibles

Les maladies non transmissibles sont désormais à l'origine de la majorité des décès dans le monde, principalement à cause du diabète, des maladies cardiovasculaires, du cancer et des affections respiratoires chroniques telles que l'asthme. Les experts de la santé prévoient que d'ici 2040 les maladies non transmissibles pourraient être à l'origine de 80 % des décès dans les pays à faibles revenus, contre 25 % en 1990, en raison notamment de l'allongement de l'espérance de vie, mais aussi de la mauvaise alimentation, de la pollution et du tabagisme.

Dans de nombreux pays, les systèmes de santé ne sont pas suffisamment équipés pour faire face à cette évolution, ce qui pourrait accroître les souffrances humaines. Les périodes de ralentissement économique exacerbent ces risques en mettant à rude épreuve les systèmes de santé publique et en exerçant une pression à la baisse sur l'aide étrangère et les investissements privés dans la santé.

Des pressions croissantes sur la santé mentale, en particulier chez les jeunes

Les troubles de la santé mentale et les toxicomanies ont augmenté de 13 % au cours de la dernière décennie, principalement en raison de l'augmentation de la population et de l'espérance de vie, mais aussi en raison de la prévalence disproportionnée des troubles mentaux chez les adolescents. Actuellement, entre 10 et 20 % des enfants et des adolescents dans le monde souffrent de troubles mentaux, et le suicide est la troisième cause de décès chez les personnes âgées de 15 à 19 ans.

Les experts de la santé prévoient que le coût économique des maladies mentales dans le monde pourrait dépasser 16 000 milliards de dollars au cours des vingt prochaines années, une grande partie de ce fardeau économique résultant de la perte de revenus et de productivité due à l'invalidité chronique et la mort prématurée. Des recherches préliminaires prévoient qu'en raison de la pandémie les habitants de toutes les régions du monde connaîtront des taux accrus de détresse mentale causée par des pertes économiques ou par l'isolement social.

Toutefois, il sera probablement plus difficile pour les pays en développement d'élargir l'accès à l'enseignement secondaire, en raison de son coût relativement élevé, des taux d'abandon plus importants – certains étudiants choisissant de travailler plutôt que de s'instruire – et de facteurs culturels tels que le mariage précoce, qui éloignent les femmes de l'enseignement formel.

Le fait que la majorité de la main-d'œuvre ait atteint le niveau de l'enseignement secondaire a toujours été un facteur déterminant pour les pays qui souhaitent atteindre le statut de pays à revenus moyens-supérieurs. Actuellement, ce seuil majoritaire est atteint dans les pays en développement d'Europe et d'Asie centrale, d'Asie de l'Est et du Pacifique et d'Amérique latine, mais seul un quart de la main-d'œuvre subsaharienne a suivi un enseignement secondaire. En outre, il est peu probable que l'Afrique subsaharienne atteigne ce seuil au cours des deux prochaines décennies, car les investissements des gouvernements, des groupes religieux et des autres secteurs privés ne s'accordent pas à la croissance démographique. Ce défi freinera également la croissance économique, car les travailleurs – en particulier ceux qui préfèrent l'entrée précoce dans la vie active à l'éducation – n'auront pas les compétences nécessaires pour occuper des emplois mieux rémunérés. L'Asie du Sud progresse mieux que l'Afrique subsaharienne sur ce front et a la capacité d'atteindre le seuil de développement de l'enseignement secondaire vers 2040.

DES CLASSES MOYENNES MONDIALES EN PLEINE ASCENSION ET EN MUTATION

À l'échelle mondiale, le nombre de ménages correspondant à une définition large de la classe moyenne a grimpé en flèche au cours des deux dernières décennies, et même dépassé les prévisions. En 2020, environ 36 % de la population mondiale faisait partie de la classe moyenne avec des revenus annuels compris entre 4 000 et 40 000 dollars, soit une augmentation de 13 % depuis 2000, selon la base de données des enquêtes sur les revenus de la Banque mondiale. La plus forte croissance des populations de classe moyenne entre 2000 et 2018 (dernières données d'enquête disponibles), en pourcentage de la population, a eu lieu en Russie, en Turquie, en Thaïlande, au Brésil, en Iran, en Chine, au Mexique et au Vietnam, par ordre décroissant.

Au cours des deux prochaines décennies, il est peu probable que la classe moyenne croisse à un rythme similaire. Les pays en développement à revenus moyens pourraient même avoir l'impression que leur progression ralentit. De même, dans de nombreux pays, il est peu probable que la forte croissance du revenu par habitant des vingt dernières années se répète, car la croissance de la productivité mondiale baisse et la population en âge de travailler diminue dans la plupart des régions. Les études sur le revenu des ménages suggèrent que la part de la classe moyenne dans la population mondiale va se stabiliser au cours des vingt prochaines années, même si ce résultat dépendra de la dynamique sociale et politique.

L'Asie de l'Est, et dans une moindre mesure l'Asie du Sud, semblent mieux placées pour réaliser de nouvelles augmentations du revenu par habitant par rapport aux autres régions, réduisant ainsi dans une certaine mesure leur écart de revenu, d'éducation et d'espérance de vie avec les économies avancées. Ces régions bénéficient en effet de systèmes éducatifs efficaces, de réseaux sociaux généralement stables et d'une gouvernance compétente. En revanche, certains pays en développement, dont plusieurs en Amérique latine, risquent fort de tomber dans le piège de la classe moyenne, où l'inflation du salaire net dépasse la productivité des travailleurs, entraînant une stagnation de la croissance économique. Les problèmes des pays d'Amérique latine découlent en partie de la faiblesse des infrastructures et de l'adoption des technologies, ainsi que de l'inadéquation des systèmes éducatifs.

Dans les économies avancées, la classe moyenne se resserre, un grand nombre de personnes accédant à des revenus plus élevés et une plus petite partie tombant sous le seuil de pauvreté. En outre, dans de nombreux pays, la classe moyenne est mise à rude épreuve par la hausse des coûts du logement, des soins et de l'éducation. Le pourcentage de la

■ CLASSE MOYENNE ET DETTE DES MÉNAGES DANS LES 30 PAYS LES PLUS PEUPLÉS, 2000 ET 2018

De nombreuses grandes économies en développement ont vu leur classe moyenne se développer rapidement au cours des 20 dernières années. Cependant, les ménages de la plupart des économies avancées et en développement se sont endettés de plus en plus, car ils ont été mis à mal par l'augmentation du coût de la vie

CLASSES MOYENNES ET DETTE DES MÉNAGES DANS LES 30 PLUS GRANDS PAYS, 2000 ET 2018

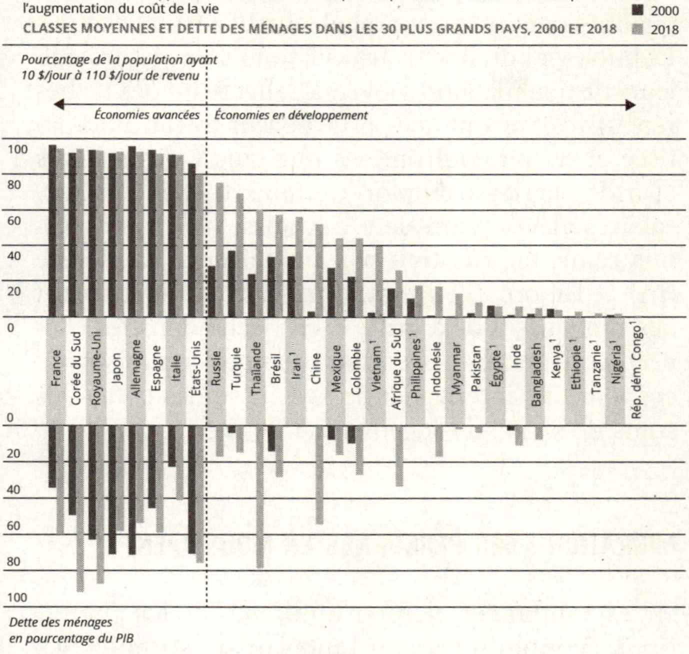

[1]Les données sur l'endettement des ménages ne sont pas disponibles.

Source : Banque mondiale, FMI

population tombant sous le seuil de pauvreté national dans les économies avancées a augmenté dans 19 pays sur 32 entre 2007 et 2016, notamment en France, en Allemagne, en Italie et en Espagne, tandis que la majorité de ceux qui ont quitté la classe moyenne dans l'ensemble des économies avancées ont accédé à des niveaux de revenus plus élevés. Cela reflète la tendance à la polarisation des revenus, dans laquelle le nombre de travailleurs disposant d'emplois à faible revenu et le nombre de travailleurs occupant des emplois à haut revenu croissent en même temps. La plupart des travailleurs hautement qualifiés continueront probablement à bénéficier des technologies du lieu de travail, tandis que les travailleurs de qualification moyenne, effectuant des tâches répétitives, verront une partie de leur travail automatisée et seront confrontés à une baisse des salaires et à des pertes d'emploi. Certains travailleurs aux salaires élevés pourraient eux aussi voir leurs revenus remis en question par l'intelligence artificielle (IA) et l'apprentissage automatique. L'endettement des ménages a déjà grimpé en flèche dans les économies avancées ces dernières années en raison de ces tensions internes et de la hausse des coûts des soins de santé, du logement et de l'éducation.

MIGRATION : DES PERSONNES EN MOUVEMENT

Les tendances démographiques et les incitations économiques continueront de stimuler les migrations à grande échelle au cours des deux prochaines décennies. Bien qu'il n'y ait guère de certitude quant au niveau de la migration en raison des fluctuations des politiques gouvernementales, les mouvements transfrontaliers de personnes perdureront à l'échelle mondiale – alimentant les débats sur la migration dans les pays de destination et aggravant les divisions sociales dans certaines régions. Les vingt dernières années ont vu un fort accroissement des migrations transfrontalières, non seulement en chiffres

INÉGALITÉ DES REVENUS PAR PAYS

L'inégalité des revenus est la plus forte dans les économies en développement, telle que mesurée par le coefficient de Gini, mais dans beaucoup d'entre elles, elle est stable ou s'améliore. L'inégalité des revenus est relativement faible dans l'ensemble des économies avancées, mais elle a augmenté dans bon nombre des plus grandes économies avancées.

INÉGALITÉ DES REVENUS DANS PLUSIEURS GRANDS PAYS DONNÉS[1], 1990 ET 2018[2]

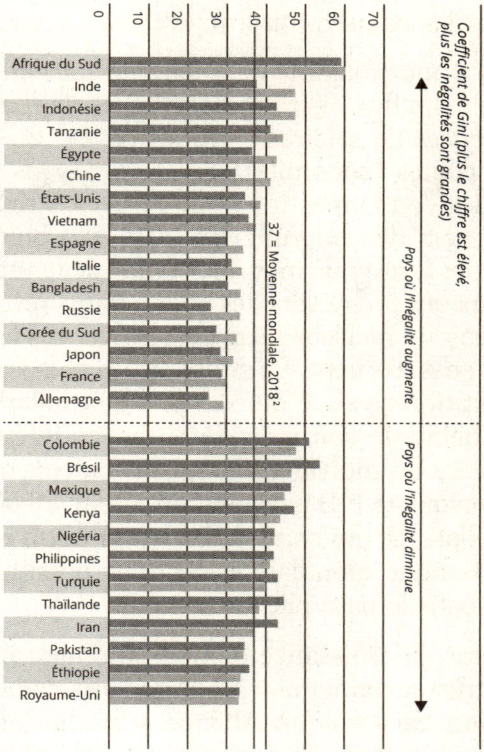

[1] Les plus grands par la taille de la population, 2020. Classement selon l'estimation la plus récente de l'inégalité des revenus.
[2] 1990, 2018, ou les données disponibles les plus proches.

Source : Base de données standardisée sur l'inégalité des revenus dans le monde.

absolus mais aussi en pourcentage de la population mondiale. En 2020, plus de 270 millions de personnes vivaient dans un pays vers lequel elles avaient migré, soit 100 millions de plus qu'en 2000, ce qui représente une augmentation de plus d'un demi-pour cent de la population mondiale. La plupart des migrants ont quitté leur foyer pour des raisons économiques, mais des dizaines de millions de personnes ont également fui les conflits, la criminalité, la répression religieuse et sociale, et les catastrophes naturelles.

Pour la grande majorité des migrants qui sont des travailleurs, les flux migratoires reflètent clairement les différences de salaires entre les pays – les flux vont des petites économies à revenus moyens vers les grandes économies à revenus élevés. Presque les deux tiers des migrants en 2019 provenaient d'économies à revenus moyens, et plus de la moitié d'entre eux ont migré vers des pays à hauts revenus pour obtenir un meilleur salaire et envoyer des fonds dans leur pays d'origine. La croissance la plus rapide de l'émigration se situe autour de 4 000 dollars de PIB par habitant, soit un revenu moyen-inférieur qui permet à un individu de voyager. La courbe se ralentit lorsque le PIB par habitant atteint 10 000 à 12 000 dollars, ce qui correspond à un revenu élevé selon la Banque mondiale et rend les possibilités d'emploi dans le pays plus attrayantes.

À l'avenir, la croissance démographique rapide viendra très certainement s'ajouter aux facteurs d'incitation existants en Afrique subsaharienne, tandis que de nombreux autres pays en développement approchent de la fin du pic d'émigration. La population qui se trouve dans la fenêtre de migration intermédiaire de 4 000 à 10 000-12 000 dollars a atteint un pic autour de 2010 pour plusieurs régions, notamment l'Amérique latine, l'Asie centrale et certaines parties de l'Europe de l'Est. L'Asie de l'Est, l'Asie du Sud-Est et l'Asie du Sud sont également sur le point d'atteindre ou ont dépassé la période la plus forte pour ce facteur d'incitation au revenu, mais le pourcentage de la population d'Afrique subsaharienne qui se situe dans cette tranche de revenu continuera d'augmenter au cours des vingt prochaines années.

Le besoin accru de travailleurs dans les pays vieillissants est un facteur d'attraction croissant dans les pays européens et asiatiques. Fin 2019, les pays européens ont enregistré le plus grand nombre total d'immigrants transfrontaliers, près de 70 millions, selon les statistiques 2020 de l'ONU. Un tiers provient d'Europe de l'Est, dont la population en âge de travailler atteint son apogée au moment même où les économies européennes avancées commencent à vieillir rapidement. Les pays européens vieillissants et le Japon étendent le nombre de visas accordés aux travailleurs.

Au cours des vingt prochaines années, les personnes fuyant les catastrophes et les conflits continueront à contribuer aux flux migratoires. Les données des Nations unies et des ONG montrent que les troubles civils et politiques internes ont poussé 80 millions de personnes à quitter leur foyer à la fin de l'année 2019, dont environ un tiers a migré vers d'autres pays.

DES IMPLICATIONS ET DES PERTURBATIONS GÉNÉRALES

Ces tendances démographiques et de développement humain créeront une pression sur les gouvernements pour qu'ils augmentent les investissements publics et contrôlent l'immigration. Tandis que ces migrations accentueront l'instabilité de certains pays, elles vont contribuer indirectement à la montée en puissance de l'Asie et alourdir la mission des organismes internationaux de développement.

Reculs pour les femmes, les enfants et les minorités. La pandémie actuelle illustre la fragilité des progrès réalisés dans la lutte contre la pauvreté dans certaines régions, voire la régression de la condition des femmes, des groupes minoritaires et des personnes au faible statut économique, politique et social. Bien que jusqu'à présent la mortalité dans les pays à faible revenu, en dehors de l'Amérique latine, s'est avérée plus faible que dans les économies avancées, les conséquences économiques sont graves. Au-delà de l'engorgement des systèmes de santé et des retombées sur les revenus de millions de personnes, des perturbations plus larges sont à prendre en compte : l'absence ou le manque d'éducation, le détournement des ressources médicales au détriment d'autres priorités, notamment les vaccinations et la santé maternelle.

Une pression croissante pour les investissements publics. L'accroissement de la population, en particulier des classes moyennes dans les pays en développement, exerce une pression accrue sur les gouvernements pour qu'ils fournissent des biens publics, tels que des logements abordables, l'éducation, les soins de santé et les infrastructures. Les zones urbaines mal gouvernées, en particulier celles qui ont accès à des infrastructures telles que des ports ou des aéroports internationaux, sont également des viviers idéaux pour les syndicats du crime organisé.

Une épée à double tranchant pour la stabilité politique. Les populations plus âgées ont tendance à être moins violentes et moins extrémistes sur le plan idéologique, ce qui réduit le risque de conflits armés internes. L'Asie de l'Est et l'Amérique latine auront un âge médian supérieur à 30 ans, ce qui laisse présager une plus grande stabilité sociale. Ces populations ont également de fortes préférences pour la démocratie ; là où subsistent des régimes autoritaires, l'instabilité due aux « révolutions de couleur » risque de persister. En outre, dans les pays dont la population est jeune et en forte croissance, l'écart grandissant entre les attentes des populations urbaines croissantes et la capacité de leurs gouvernements à leur offrir une éducation, des soins et un emploi peut accroître l'instabilité politique. Dans ces pays, le recrutement de mouvements extrémistes radicaux constituera également un risque majeur.

Un débat accru sur les migrations. Les immigrants peuvent aider les économies développées à atténuer les inconvénients du vieillissement de la population en améliorant la productivité économique, en fournissant des services et en élargissant l'assiette fiscale. Toutefois, des pressions compensatoires, telles que les préférences culturelles marquées pour le maintien de l'identité nationale et de l'homogénéité ethnique, pourraient continuer à alimenter une réaction hostile aux immigrés dans de nombreux pays développés et, de plus en plus, dans certains pays en développement et à revenus intermédiaires dont la main-d'œuvre est en déclin, comme la Chine. Par conséquent, beaucoup choisiront probablement l'innovation technologique et l'automatisation, et limiteront l'immigration à des travailleurs très diplômés. Au sein des pays et entre eux, les débats et les divisions se poursuivront sur le volume de migration à autoriser et sur la manière de contrôler les flux.

Certains changements pourraient profiter à un Orient en plein essor. De nombreux pays en développement d'Asie tireront des profits de ces tendances démographiques – ou du moins réussiront à surmonter les vents contraires démographiques. En conséquence, le revenu par habitant et le niveau de développement humain augmenteront probablement plus en Asie que partout ailleurs. Dans la plupart des pays asiatiques, la population en âge de travailler et très diplômée restera encore très importante. Ainsi, cette population sera apte à investir dans la santé et les infrastructures pour maintenir un bon niveau de bien-être.

La plus grande variable sera probablement la façon dont la Chine va gérer la crise démographique qu'elle connaîtra au cours des deux prochaines décennies – la baisse importante de la fécondité due à la politique de l'enfant unique a déjà stoppé la croissance de sa main-d'œuvre et l'obligera à doubler sa population de plus de 65 ans au cours des deux prochaines décennies, pour atteindre près de 350 millions de personnes, ce qui dépasse de loin tous les pays. Même si la main-d'œuvre chinoise parvient à se rapprocher des niveaux de productivité des économies avancées grâce à l'amélioration de la formation et à l'augmentation de l'automatisation, la Chine risque de tomber dans le piège des revenus moyens d'ici à 2030, ce qui pourrait remettre en cause sa stabilité intérieure.

Des institutions internationales de développement sous tension. Les institutions internationales dédiées au développement humain seront confrontées à un environnement opérationnel plus compliqué. L'augmentation du nombre de crises humanitaires et liées aux réfugiés – qu'elles résultent de catastrophes naturelles ou qu'elles soient provoquées par l'homme – vont détourner les organisations internationales de leur mission d'origine visant à apporter des améliorations systémiques en matière de pauvreté et de maladies. L'incapacité probable de nombreux pays à atteindre les objectifs de développement durable fixés par les Nations unies pour 2030 aura le plus grand impact sur les sociétés à revenus intermédiaires, où les populations récemment sorties de la pauvreté exigent des progrès en termes d'éducation, de soins médicaux et de qualité de l'environnement. Les fournisseurs traditionnels d'aide au développement pourraient ne pas être en mesure de répondre aux besoins. L'insuffisance de l'aide multilatérale au développement pourrait faciliter les plans de la Chine et d'autres pays visant à tirer profit du financement des infrastructures urbaines essentielles dans les pays en développement.

FORCES STRUCTURELLES

Environnement

PRINCIPAUX POINTS À RETENIR

- Au cours des vingt prochaines années, les conséquences du dérèglement climatique – températures plus élevées, hausse du niveau de la mer et phénomènes météorologiques extrêmes – auront un impact sur l'ensemble de la planète.

  Les coûts et les défis pèseront de manière disproportionnée sur les pays en développement. La dégradation de l'environnement aggravera les risques concernant l'alimentation, l'eau, la santé et la sécurité énergétique.

- L'enjeu principal sera d'atténuer les émissions de gaz à effet de serre et d'atteindre la neutralité carbone grâce aux nouvelles technologies énergétiques et aux techniques d'élimination du dioxyde de carbone, seul moyen, selon l'accord de Paris, de limiter le réchauffement à 1,5 °C. Cependant, à mesure que les températures atmosphériques se rapprocheront de cette limite de 1,5 °C – probablement dans les vingt prochaines années –, les appels à la recherche en géo-ingénierie pour refroidir la planète vont se multiplier.

- Les débats s'intensifieront sur la manière et le rythme auxquels le monde devrait atteindre la neutralité carbone. Les pays seront confrontés à des choix cornéliens sur la manière de mettre en œuvre une réduction drastique des émissions. Il en résultera une inégale répartition des responsabilités et des avantages au sein des pays ou entre eux, un renforcement de la concurrence, de l'instabilité, de la discorde politique et une fragilisation de la préparation militaire.

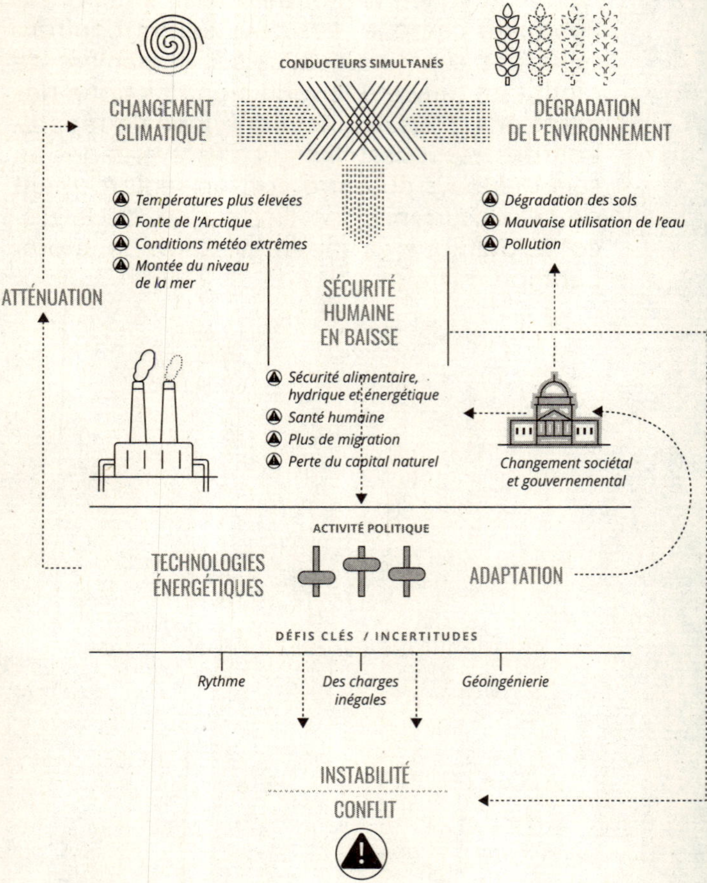
CONDUCTEURS SIMULTANÉS
CHANGEMENT CLIMATIQUE
DÉGRADATION DE L'ENVIRONNEMENT
Températures plus élevées
Fonte de l'Arctique
Conditions météo extrêmes
Montée du niveau de la mer
Dégradation des sols
Mauvaise utilisation de l'eau
Pollution
ATTÉNUATION
SÉCURITÉ HUMAINE EN BAISSE
Sécurité alimentaire, hydrique et énergétique
Santé humaine
Plus de migration
Perte du capital naturel
Changement sociétal et gouvernemental
ACTIVITÉ POLITIQUE
TECHNOLOGIES ÉNERGÉTIQUES
ADAPTATION
DÉFIS CLÉS / INCERTITUDES
Rythme
Des charges inégales
Géoingénierie
INSTABILITÉ
CONFLIT

Les dix dernières années ont été
les plus chaudes jamais enregistrées.
Depuis les années 1960, chaque décennie
a été plus chaude que la précédente.

LE CHANGEMENT CLIMATIQUE S'INTENSIFIE

Nous vivons dans un monde déjà affecté par le changement climatique causé par les concentrations croissantes de gaz à effet de serre dans l'atmosphère dues à l'activité humaine. Selon le Groupe d'experts intergouvernemental sur l'évolution du climat (GIEC), la planète s'est réchauffée en moyenne de 1,1 °C depuis la fin du XIXe siècle, d'où une diminution des glaciers et des calottes glaciaires, une augmentation du niveau des mers, des tempêtes et des vagues de chaleur plus intenses, et une acidification des océans. Les dix dernières années ont été les plus chaudes jamais enregistrées, et toutes les décennies depuis les années 1960 plus chaudes que les précédentes. Si la tendance actuelle se poursuit, il est probable qu'au cours des vingt prochaines années le réchauffement de la planète dépassera 1,5 °C et atteindra 2 °C d'ici le milieu du siècle.

Selon le rapport de l'Évaluation nationale du climat des États-Unis (US National Climate Assessment), les émissions déjà présentes dans l'atmosphère entraîneront des hausses de température, même si la neutralité carbone est atteinte immédiatement.

Effets physiques

Si la hausse des températures se poursuit sans relâche, les effets physiques du changement climatique devraient s'intensifier, avec des conséquences catastrophiques dans la seconde moitié du siècle.

Aucun pays, aucune région ne sera à l'abri des effets physiques du changement climatique et de la dégradation de l'environnement, mais l'impact sera variable – certaines régions bénéficieront même d'avantages marginaux tels que des saisons de croissance et des périodes de végétation plus longues. De façon générale, les pays en développement seront les plus touchés, car ils n'ont pas la capacité de s'adapter au changement climatique et sont en moyenne plus exposés à ses effets.

Fonte de l'Arctique et élévation du niveau de la mer. Les températures se réchauffent trois fois plus vite que la moyenne mondiale dans l'Arctique, en grande partie à cause des boucles de rétroaction, c'est-à-dire des effets de la fonte des glaces et de la couverture neigeuse. Cela a entraîné une perte de masse des calottes glaciaires et des glaciers ainsi qu'une réduction de l'étendue et de l'épaisseur de la banquise. À l'échelle mondiale,

■ HAUSSE DES ÉMISSIONS DE DIOXYDE DE CARBONE ET DES TEMPÉRATURES MOYENNES

Ce graphique illustre les changements de concentration atmosphérique de CO_2 (en ppm) et de températures (en degrés Celsius) par rapport aux moyennes des températures antérieures à l'ère industrielle. Sur les vingt années les plus chaudes, dix-neuf sont postérieures à 2001, et 2020 vient égaler le record de la plus chaude jamais enregistrée.

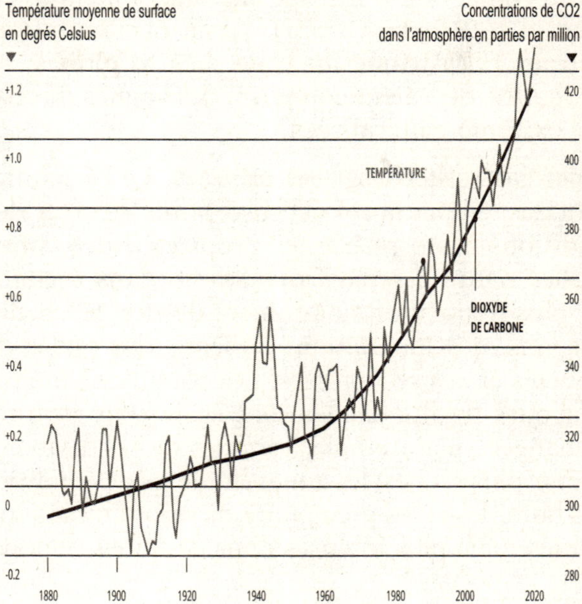

Source : NASA GISS, NOAA NCEI, ESRL.

le niveau de la mer s'est élevé en moyenne de 20 à 23 centimètres depuis la fin du XIXe siècle. Ces vingt prochaines années, les estimations vont de 7 à 36 centimètres supplémentaires, ce qui sera source de problèmes pour les villes côtières de faible altitude et les îles. En outre, le dégel du permafrost causera des dommages aux infrastructures, notamment dans les transports, les pipelines et les centrales électriques.

Des vagues de chaleur plus intenses. À l'extérieur de l'Arctique, le réchauffement le plus rapide devrait se produire dans le centre et l'est de l'Amérique du Nord, en Europe centrale, dans la région méditerranéenne (l'Europe du Sud, l'Afrique du Nord et le Proche-Orient), l'Asie occidentale et centrale, et l'Afrique australe. Les tropiques, en particulier, devraient connaître des vagues de chaleur extrême généralisées.

Conditions météorologiques extrêmes. Le réchauffement des températures est susceptible de créer des conditions atmosphériques propices à des catastrophes naturelles plus intenses et, dans certains cas, plus fréquentes, notamment des tempêtes, des ouragans, des inondations côtières, des ondes de tempêtes et des sécheresses. Les conditions météorologiques traditionnelles sont également en train de changer – par exemple, les zones sèches devraient devenir plus sèches, les zones humides deviendront plus humides et les précipitations seront moins fréquentes mais plus intenses dans certaines régions.

LA DÉGRADATION DE L'ENVIRONNEMENT

Au cours des deux prochaines décennies, la croissance démographique, l'urbanisation rapide et la mauvaise gestion des terres et des ressources vont de plus en plus exacerber les effets du changement climatique dans de nombreux pays, notamment dans le monde en développement. Avec la croissance des villes côtières, un nombre plus important que jamais de personnes sera menacé par la combinaison des ondes de tempête et de l'élévation du niveau de la mer qui aggrave l'érosion côtière existante.

Dégradation des terres. L'expansion et la gestion non durable de l'agriculture et des pratiques forestières dégradent les terres, et contribuent à intensifier les effets néfastes du changement climatique. Selon une étude réalisée en 2019, la déforestation et la dégradation des sols à l'échelle mondiale contribuent chacune à environ 10 % de toutes les émissions de gaz à effet de serre d'origine humaine en libérant le carbone stocké dans les arbres et les sols.

Mauvaise utilisation de l'eau. La mauvaise gestion de l'eau au sein des États et entre eux restera le principal facteur de stress hydrique au cours des deux prochaines décennies. Alors que les précipitations diminuent ou deviennent plus irrégulières, la croissance démographique, le développement économique et la persistance de pratiques agricoles et d'irrigation inefficaces vont accroître la demande. Dans de nombreux bassins fluviaux, les pays situés en amont construisent des barrages et modifient les sources d'eau sans consulter ou presque leurs voisins en aval. C'est le cas du barrage de la Renaissance en Éthiopie, source de tensions et conflits.

La pollution. Bien que la pollution de l'air et de l'eau ait diminué dans de nombreux pays à revenus élevés depuis le pic atteint au XXe siècle, elle continue de croître à l'échelle mondiale avec l'augmentation du nombre de pays à revenus intermédiaires. Ainsi, 80 % des eaux usées industrielles et municipales sont déversées sans traitement dans les cours d'eau. Comme d'autres facteurs environnementaux, la pollution atmosphérique et le changement climatique s'influencent mutuellement par le biais d'interactions complexes dans l'atmosphère. Le changement climatique entraînera une augmentation des phénomènes de stagnation – des dômes statiques d'air chaud qui peuvent piéger les polluants atmosphériques et les faire persister dans la basse atmosphère – et diminuera la qualité de l'air en multipliant la fréquence des incendies de forêt.

RÉDUIRE LES INCERTITUDES CLIMATIQUES

Le climat terrestre est un système extrêmement complexe et interconnecté, sensible au moindre changement, mais, grâce au nombre croissant de données collectées, à l'augmentation de la puissance de calcul et à un système de modélisation sophistiqué, notre compréhension du changement climatique est de plus en plus forte. Plusieurs domaines de recherche tentent de réduire les incertitudes restantes.

Attribution : les scientifiques sont de plus en plus aptes à déterminer a posteriori si un événement a été causé par le changement climatique. Ce nouveau domaine, connu sous le nom d'attribution des phénomènes extrêmes, pourrait changer la manière dont le public perçoit la menace croissante. Il servira aussi de base aux pays en développement et aux communautés affectées qui souhaitent réclamer des dommages et intérêts aux pays ayant un fort taux d'émissions.

Boucles de rétroaction : à l'heure actuelle, les scientifiques ont du mal à prévoir à quel moment et dans quelle mesure les boucles de rétroaction entraîneront des hausses des températures et une accélération de l'effet de serre. Par exemple, la fonte de la banquise laissera apparaître une plus grande partie de la surface océanique, qui absorbera donc plus vite la chaleur du fait qu'elle est plus sombre, entraînant à son tour une nouvelle fonte des glaces. Le méthane – ce puissant gaz à effet de serre qui se dégage des marais, du pergélisol et des hydrates océaniques en réponse à la hausse des températures – soulève aussi de l'inquiétude.

LA SÉCURITÉ HUMAINE EN BAISSE

Les impacts physiques d'un monde plus chaud, combinés à la dégradation de l'environnement, sont susceptibles d'entraîner une série de problèmes de sécurité humaine, principalement, mais pas exclusivement, dans les pays en développement à court terme.

Selon une étude de 2018, 36 % des villes dans le monde sont confrontées à un stress environnemental aigu dû aux sécheresses, aux inondations et aux cyclones. Le changement climatique va accentuer cette tendance. Ces défis se cumuleront dans les années à venir. Les événements météorologiques extrêmes devenant de plus en plus intenses et fréquents, les sociétés pourraient avoir des difficultés à se remettre d'une catastrophe avant que ne frappe la suivante.

Aggravation de l'insécurité alimentaire et hydrique. La modification du régime des précipitations, la hausse des températures, l'augmentation des phénomènes météorologiques extrêmes et l'intrusion d'eau salée dans les sols et les systèmes hydrauliques (en raison de la montée des eaux et des ondes de tempête) risquent d'aggraver l'insécurité alimentaire et hydrique dans certains pays au cours des deux prochaines décennies. Les régions encore tributaires de l'agriculture pluviale seront particulièrement vulnérables : l'Afrique subsaharienne, l'Amérique centrale, certaines zones de l'Argentine et du Brésil, certaines parties de la région andine, l'Asie du Sud et l'Australie. En revanche, certaines régions situées à des latitudes plus élevées, comme le Canada, l'Europe du Nord et la Russie, pourraient bénéficier du réchauffement climatique grâce à l'allongement des saisons de croissance.

Les pêcheries sont également menacées par une grave surpêche que le changement climatique accentuera par l'appauvrissement en oxygène, le réchauffement rapide et l'acidification des océans. Les pêcheurs doivent aller plus loin pour attraper des poissons moins nombreux et plus petits, s'aventurant potentiellement dans les eaux territoriales d'autres pays. En outre, le réchauffement des océans menace de tuer beaucoup plus de récifs coralliens – ils ont déjà diminué de 30 à 50 %, avec un réchauffement de 1,5 °C ils pourraient diminuer de 70 à 90 % –, ce qui menacerait encore plus les industries de la pêche et du tourisme.

Menaces pour la santé humaine. La dégradation de la qualité de l'eau, de l'air et des aliments, ainsi que l'évolution des vecteurs de maladies et des agents pathogènes transmis par l'eau, sont autant de menaces pour la vie humaine. Les taux de mortalité dus à la pollution varient considérablement à travers le monde. Ils sont généralement plus élevés dans les pays à revenus intermédiaires d'Asie de l'Est et du Sud. En outre, les conditions météorologiques extrêmes et les catastrophes perturbent les infrastructures sanitaires et empêchent l'accès aux soins, causant parfois des morts. Le changement climatique devrait modifier les différentes zones géographiques et, dans certains cas, la fréquence des épidémies de maladies affectant les humains, les animaux et les plantes, notamment celles transmises par des vecteurs (virus du Nil occidental, paludisme, dengue), par l'eau (choléra), par l'air (grippe, hantavirus) et par les aliments (salmonelle).

Perte de la biodiversité. La variabilité de tous les organismes vivants, connue sous le nom de biodiversité, diminue plus rapidement qu'à n'importe quel moment de l'histoire de l'humanité, ce qui met en péril la sécurité alimentaire, sanitaire et compromet la résilience mondiale. Le réchauffement des températures est susceptible d'entraîner l'extinction de plantes et d'animaux qui ne peuvent ni survivre dans leurs habitats traditionnels ni se déplacer rapidement vers de nouveaux lieux. Ces phénomènes favoriseront la propagation d'espèces envahissantes qui étouffent les organismes indigènes.

Augmentation des migrations. Les phénomènes météorologiques extrêmes accroissent les migrations, dont la majorité se produit à l'intérieur des États, d'une localité à une autre localité voisine, et de façon temporaire. Le changement climatique aggravera probablement cette situation, car l'élévation du niveau de la mer et les chaleurs extrêmes rendront certains endroits inhabitables de façon permanente, mais surtout après 2040, ce qui pourrait entraîner des migrations permanentes et des déplacements vers d'autres États.

VERS UNE RÉDUCTION DE L'EFFET DE SERRE

Les efforts visant à atteindre un objectif zéro des émissions de gaz à effet de serre s'intensifieront au cours de la prochaine décennie et susciteront un débat accru sur la manière et le délai de réalisation de cet objectif. L'accord de Paris de 2015 a fixé un objectif mondial consistant à limiter le réchauffement à moins de 2 °C, de préférence à 1,5 °C, et a amené les pays à se fixer des objectifs modestes de réduction ou d'établissement d'un pic pour leurs émissions. Bien que les émissions des pays développés aient continué à diminuer – en grande partie grâce à l'augmentation de l'efficacité énergétique et à l'utilisation du gaz naturel, et parce que la pandémie de Covid-19 a également provoqué une brève baisse des émissions mondiales –, les émissions globales ont continué à augmenter. Cette tendance a conduit un nombre croissant de pays à prendre des mesures plus ambitieuses. Le Chili, l'Union européenne (UE), le Japon, la Nouvelle-Zélande et la Corée du Sud s'engagent à devenir neutres en carbone d'ici 2050, et la Chine d'ici 2060.

Au fur et à mesure de l'amélioration de l'étude du climat, les divisions s'accentueront. Ceux qui proposent d'atteindre la neutralité carbone sur plusieurs décennies via les nouvelles technologies s'opposeront à ceux qui soutiennent que la neutralité carbone doit être atteinte de toute urgence pour prévenir les pires conséquences. Les gouvernements cherchent à temporiser en développant d'un côté des technologies pour atténuer les émissions de gaz à effet de serre, et en stimulant de l'autre leur croissance économique. Ils postulent ainsi que les pires effets du changement climatique pourront être évités grâce à une approche progressive. Les partisans d'une action plus rapide affirment que la fenêtre pour éviter les effets cataclysmiques se referme et que des changements de comportement plus spectaculaires et immédiats sont nécessaires. Limiter l'augmentation de la température mondiale à 1,5 °C nécessitera des changements sans précédent dans la consommation et la production d'énergie ; le défi étant de permettre aux pays en développement d'améliorer leur économie sans pour autant compenser les réductions de carbone des pays développés.

La transition énergétique en cours

Un aspect essentiel du débat mondial et de la capacité à amortir le dérèglement climatique est la vitesse de la transition des combustibles fossiles vers les énergies renouvelables. Même si les combustibles fossiles continueront à répondre à la majorité des besoins énergétiques au cours des vingt prochaines années, il est presque certain que l'énergie éolienne et solaire connaîtra une croissance plus rapide que toute autre source d'énergie en raison des progrès technologiques et de la baisse des coûts. De plus, la production d'énergie nucléaire pourrait augmenter, surtout si de nouveaux modèles plus sûrs voient le jour. L'accroissement des rendements énergétiques réduira probablement aussi le taux de croissance de la demande d'énergie et l'intensité de carbone par unité d'énergie utilisée. Une série de développements technologiques actuels et futurs, ainsi que les choix des gouvernements, des entreprises et des consommateurs en matière de réglementation et d'investissement, influenceront la consommation d'énergie dans le bâtiment, les transports et l'électricité, qui représentent la majorité des émissions mondiales. Nombre de ces technologies pourraient également contribuer à renforcer la résilience et l'autosuffisance énergétiques des États.

PRINCIPALES TECHNOLOGIES ÉNERGÉTIQUES ÉMERGENTES

Le coût de la construction et de l'exploitation de nouvelles **centrales solaires photovoltaïques et éoliennes** est largement inférieur à celui de centrales équivalentes alimentées par des combustibles fossiles. Des technologies renouvelables encore plus efficaces et moins coûteuses, telles que les cellules photovoltaïques à pérovskites, sont sur le point de transformer et de bouleverser les industries énergétiques au cours des deux prochaines décennies. En outre, la technologie des éoliennes, de plus en plus connectée, permet de réaliser des projets éoliens offshore massifs et moins coûteux dans le monde entier. La Chine est le premier producteur et exportateur mondial de panneaux solaires et d'éoliennes.

Le stockage avancé de l'énergie sera nécessaire pour intégrer davantage de dispositifs renouvelables dans les systèmes de réseaux et soutenir l'essor des véhicules électriques. Ces dernières années, les batteries lithium-ion ont vu leur coût réduire et leurs performances progresser considérablement. Les investissements dans des alternatives potentiellement plus sûres, moins chères, plus puissantes et de plus longue durée, augmentent également. À l'avenir, il est probable que le stockage avancé de l'énergie permette le développement de réseaux électriques décentralisés et autonomes qui intègrent des batteries, des sources d'énergie renouvelables et des véhicules électriques sans avoir besoin d'être alimentés par des combustibles fossiles.

L'hydrogène vert – produit par électrolyse et sans générer de déchet – jouera un rôle plus important dans le stockage de l'énergie solaire et éolienne excédentaire et contribuera à la décarbonisation du chauffage, de l'industrie et des transports lourds. L'industrie n'en est qu'à ses débuts, mais les coûts devraient baisser car les pays disposant de sources d'énergie renouvelables bon marché s'y intéressent particulièrement, comme le Chili.

TAUX D'ÉMISSION DE CO_2 ANNUELS PAR RÉGIONS

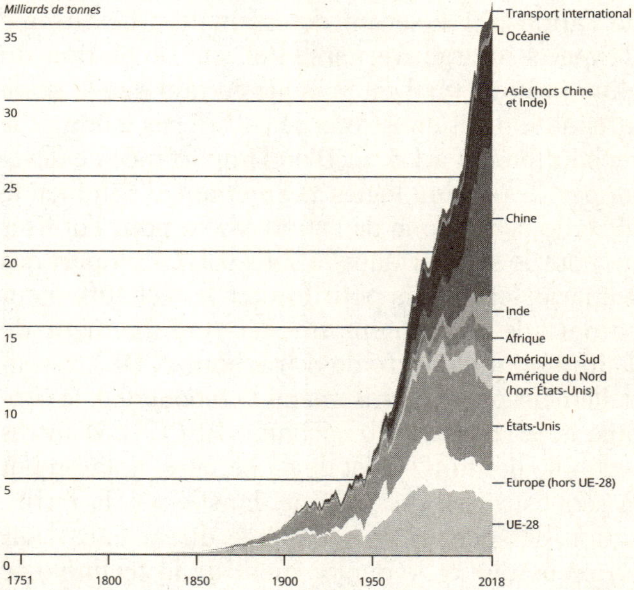

Source: Carbon Dioxide Information Analysis Center (CDIAC); Global Carbon Project (GCP).
Note : les "différences statistiques" incluses dans l'ensemble de données des BPC ne sont pas comprises ici
OurWorldInData.org/co2-and-other-greenhouse-gas-emissions • CC BY

Plusieurs entreprises développent de **petits réacteurs nucléaires modulaires (SMR)**, dont la taille représente environ un tiers de celle des réacteurs nucléaires traditionnels. Ces réacteurs pourraient être adoptés par les pays traditionnellement opposés aux projets nucléaires, car ils sont plus petits et plus sûrs. Les SMR permettront de produire de l'électricité dans des zones reculées, comme en Afrique, ce qui pourrait aider les pays en développement à équiper leur population en électricité sans augmenter les émissions. En outre, les SMR, lorsqu'ils sont combinés à l'énergie solaire et éolienne, pourraient contribuer à résoudre le problème de l'intermittence.

Efforts accrus pour éliminer le dioxyde de carbone

Les efforts pour éliminer le dioxyde de carbone de l'atmosphère seront déterminants. Le Groupe d'experts intergouvernemental sur l'évolution du climat estime qu'il est presque certain que la seule atténuation des émissions ne suffira pas à limiter le réchauffement à 1,5 °C. D'où l'importance de développer des technologies permettant d'éliminer le dioxyde de carbone de l'atmosphère pour l'utiliser ou pour le stocker dans le sous-sol. La plupart des scénarios envisagés pour limiter le réchauffement climatique impliquent un net renforcement de l'élimination du dioxyde de carbone (CDR), essentiellement par le reboisement, la bioénergie, le captage et le stockage du carbone (BECCS). D'autres technologies font l'objet de recherches, notamment la séquestration du carbone dans le sol, la fertilisation des océans et le captage direct dans l'air. La recherche et le déploiement de la technologie BECCS, qui n'en est encore qu'à ses balbutiements, vont très certainement s'intensifier. Il s'agit de l'une des rares technologies à émissions négatives existantes. Elle utilise le dioxyde de carbone pour faire pousser de la biomasse qui est convertie en énergie utilisable tout en stockant le dioxyde de carbone dans le sous-sol. À l'heure actuelle, environ 25 projets commerciaux de réduction des émissions de carbone compensent une quantité négligeable d'émissions annuelles, et les efforts visant à accroître la réduction des émissions de carbone se heurteront à des contraintes politiques, technologiques et économiques en l'absence d'incitations commerciales. D'autres pays pourraient introduire une taxe sur le carbone, ou un crédit pour l'élimination du carbone, afin d'accélérer le processus de réduction des émissions et d'élargir l'adoption des technologies d'énergie renouvelable.

Actions complémentaires sur les émissions

Il est probable qu'un nombre beaucoup plus important d'acteurs se joindront aux efforts internationaux et gouvernementaux pour lutter contre le changement climatique et les défis environnementaux. Les actions au plan local se sont déjà multipliées et un nombre croissant d'entreprises se sont engagées à atteindre la neutralité carbone. Certains grands gestionnaires d'actifs ont annoncé que le changement climatique menaçait leurs rendements à long terme et exigé que les entreprises de leurs portefeuilles leur communiquent leurs émissions de carbone, afin de cesser d'investir dans certains projets liés aux énergies fossiles. En 2018, près de 10 000 villes et municipalités de 128 pays ont agi en faveur du climat. De même, 6 225 entreprises de 120 pays ont développé des actions pour lutter contre le réchauffement climatique, ce qui représente un chiffre d'affaires de 36 500 milliards de dollars, soit plus que le produit intérieur brut (PIB) combiné des États-Unis et de la Chine. Les partenariats public-privé sont en train de devenir un cadre de fonctionnement privilégié, en partie parce que l'on reconnaît que les efforts non étatiques sont plus efficaces lorsqu'ils sont liés à l'action de l'État.

CROISSANCE DE LA RÉSILIENCE ET DE L'ADAPTATION

Outre les efforts déployés pour atteindre la neutralité carbone, de nombreux pays et communautés locales vont accroître leurs investissements dans les infrastructures adaptatives et les mesures de résilience. Certaines mesures sont aussi simples et peu coûteuses que la restauration des mangroves ou l'augmentation du stockage des eaux de pluie ; d'autres sont aussi complexes que la construction de digues massives et la planification du déplacement de populations importantes. L'un des principaux défis de ces efforts sera le financement des communautés vulnérables, d'autant plus que les gouvernements sont confrontés à des défis fiscaux et politiques contradictoires et doivent choisir les communautés à soutenir.

Les partenariats public-privé introduisent de nouvelles approches d'assurance visant à renforcer la résilience aux risques climatiques, comme l'assurance d'actifs naturels tels que le récif méso-américain au large du Mexique ou l'assurance météorologique basée sur un indice pour les agriculteurs locaux au Kenya. Ces approches s'appuient sur les nouvelles données et les technologies d'apprentissage automatique, ce qui laisse supposer que, au fur et à mesure que ces technologies se développeront durant les vingt prochaines années, les mécanismes de résilience deviendront plus sophistiqués.

Appels à la géo-ingénierie

À mesure que le réchauffement se rapproche des objectifs de l'accord de Paris, il est de plus en plus probable que les États et les acteurs non étatiques vont rechercher, tester et éventuellement déployer de manière plus agressive des mesures de géo-ingénierie – des interventions délibérées à grande échelle dans les systèmes naturels de la planète – pour tenter de contrer le changement climatique. La recherche actuelle est largement axée sur la gestion du rayonnement solaire (SRM), qui vise à refroidir la planète en renvoyant l'énergie solaire dans l'espace. L'injection d'aérosols stratosphériques (SAI), une forme de SRM qui pulvérise des particules dans la stratosphère pour provoquer un assombrissement de la planète, a attiré les financements de ceux qui craignent le pire du changement climatique. Ses partisans affirment que la transformation énergétique nécessaire se fera trop lentement et que l'injection d'aérosols stratosphériques peut faire gagner du temps à la planète, car elle est technologiquement réalisable et moins coûteuse que les mesures d'atténuation.

La recherche actuelle porte presque exclusivement sur des modèles informatiques, les universités, les organisations non gouvernementales et les entreprises privées jouant un rôle de premier plan. Cependant, les pays seront de plus en plus sollicités pour entamer le dialogue et éventuellement prendre l'initiative d'élaborer des accords internationaux qui pourraient aider à fixer des normes de recherche, à garantir la transparence des essais en conditions réelles, à déterminer le cadre juridique permettant de savoir si, comment et quand déployer les technologies SRM et à en surveiller les effets. Les effets secondaires involontaires, qui pourraient être catastrophiques, ne sont pas bien compris. Aussi, certains scientifiques craignent que la gestion du rayonnement solaire, tout en maintenant les températures à un niveau bas, n'entraîne des changements inattendus et dévastateurs dans les systèmes météorologiques et les régimes de précipitations. Les pays et les acteurs non étatiques qui s'en serviraient seuls aiguiseraient le risque de conflits et de répercussions, notamment si d'autres acteurs les accusent d'un désastre qu'ils pensent causé par la géo-ingénierie.

DES IMPLICATIONS ET DES PERTURBATIONS GÉNÉRALES

Outre les effets physiques directs du changement climatique, les États et les sociétés risquent d'être mis à rude épreuve par des choix et des compromis difficiles, étant donné la difficulté et le coût des réductions drastiques des émissions carbone et des mesures d'adaptation. Le fardeau de ces étapes ne sera pas réparti uniformément au sein ou entre les États. En outre, les bénéfices à long terme des politiques de réduction des gaz à effet de serre vont à l'encontre des motivations politiques, ce qui rend difficile la prise d'engagements controversés. Les conséquences de deuxième et troisième ordre liées au changement climatique affecteront la sécurité humaine et nationale de plusieurs manières.

Susciter des clivages sociétaux et des mouvements politiques. Les préoccupations relatives au changement climatique se sont accrues dans le monde entier et des centaines de milliers de manifestants, principalement des jeunes, ont défilé dans les rues pour réclamer un changement plus rapide. Les réponses politiques visant à atténuer le changement climatique ou à s'y adapter contribuent également à l'instabilité politique – en particulier lorsqu'elles sont liées à des intérêts sociopolitiques plus larges – comme les protestations françaises contre les hausses de prix du carburant en 2018. En Europe, les partis nationalistes et populistes ont capitalisé sur les préoccupations du public concernant les difficultés économiques associées aux politiques d'atténuation du réchauffement climatique, et ils ont formulé leur opposition en termes d'égalité et de justice sociale pour les populations de la classe ouvrière.

Une pression accrue pour une action mondiale. Au fur et à mesure que le réchauffement se poursuit, les débats et les tensions entre les pays sur la transparence, les réductions d'émissions carbone et la responsabilité vont s'intensifier. Les pays en développement qui veulent développer leur croissance économique et augmenteront leurs émissions exigeront avec plus de force que les pays développés leur fournissent des technologies énergétiques avancées pour faire passer leurs systèmes énergétiques à un modèle à faible émission de carbone. En outre, les pays en développement exigeront de plus en plus que les pays développés respectent leurs engagements en matière de financement pour aider les populations vulnérables à s'adapter. Les organismes de financement internationaux, tels que le Fonds vert pour le climat (FVC) qui a approuvé des projets d'adaptation d'une valeur de 4 milliards de dollars, seront davantage sollicités.

Accroître la concurrence. Le changement climatique et la dégradation de l'environnement contribueront à un système géopolitique plus contesté et en seront le reflet. Les pays et les autres acteurs se disputeront probablement la nourriture, les minéraux, l'eau et les sources d'énergie, qui deviendront plus accessibles, plus précieuses ou plus rares. Le recul de la banquise arctique ouvre de nouvelles routes maritimes et de nouvelles possibilités d'accès à des ressources précieuses, notamment des gisements de gaz naturel et de pétrole, des métaux rares et des stocks de poissons. La Russie construit davantage de brise-glace pour patrouiller sur son littoral septentrional et prendre le leadership en Arctique. Même des États non côtiers, comme la Chine et l'Inde, cherchent à tirer parti de ces routes commerciales plus directes et des ressources de l'Arctique. En outre, la Chine tente de rehausser son image internationale en se présentant comme chef de file de la diplomatie climatique alors qu'elle est la première productrice d'émissions carbone au monde.

Contribuer à l'instabilité et au risque de conflit. Le changement climatique est rarement le seul ou même le principal facteur d'instabilité et de conflit. Cependant, certains contextes sociopolitiques et économiques sont plus vulnérables aux étincelles climatiques qui déclenchent à leur tour des conflits. Les pays particulièrement concernés sont ceux qui présentent une polarisation ethnique ou religieuse, une trop forte dépendance aux ressources naturelles ou à l'agriculture, des mécanismes de résolution de conflits inefficaces, des antécédents de violence et une faible capacité à s'adapter.

Par exemple, une augmentation de la sécheresse ou des conditions climatiques extrêmes peuvent augmenter les risques d'adhésion à des groupes armés pour les agriculteurs et les éleveurs en difficulté, tandis que les élites religieuses peuvent faire avancer leurs objectifs politiques en exploitant les griefs locaux exacerbés par le changement climatique.

Perturbation de l'état de préparation militaire. Les armées continueront à s'adapter et à combattre dans un monde en mutation, mais les changements climatiques fragiliseront l'état de préparation et aggraveront les pressions budgétaires de nombreuses armées. Les ondes de tempête et l'élévation du niveau de la mer obligeront à modifier la conception et la protection des bases navales et des pistes d'atterrissage, les chaleurs extrêmes prolongées limiteront les jours d'entraînement, et les tempêtes et inondations majeures obligeront les armées à consacrer davantage de ressources aux secours en cas de catastrophe sur le territoire national et à l'étranger.

Accroître la pression sur des systèmes internationaux sous tension. Le droit international actuel et les organes de coopération sont de plus en plus inadaptés aux défis climatiques mondiaux. Par exemple, le droit international des réfugiés ne tient pas compte des personnes déplacées par les effets du changement climatique. De nombreuses organisations existantes conçues pour aider à gérer les ressources partagées, comme le Conseil de l'Arctique ou l'Initiative du bassin du Nil, risquent d'être dépassées ou mises sur la touche, étant donné leur nature bénévole et le manque de mécanismes d'application. En outre, les efforts visant à élaborer des normes ou des réglementations internationales pour les activités à haut risque comme la SRM sont en retard sur la technologie, ce qui accroît la possibilité que des pays ou des individus prennent des mesures unilatérales aux conséquences lourdes.

TRANSITION ÉNERGÉTIQUE, GÉOPOLITIQUE ET ÉCONOMIE

La transition vers l'abandon des combustibles fossiles peut remodeler de manière significative la géopolitique et l'économie, en fonction de sa vitesse et de sa structure. Les pétro-États, qui représentent actuellement 8 % du PIB mondial et près de 900 millions d'habitants, seraient confrontés à d'importantes pertes de revenus dans un scénario de décarbonisation agressive. Ceux qui peuvent extraire le pétrole plus efficacement et

à moindre coût ou diversifier leurs économies résisteront mieux à la transition.
En outre, cette transition diminuera la capacité des pays à utiliser l'énergie comme outil de coercition ou d'action politique car les systèmes énergétiques seront plus décentralisés. Les pays vont voir leur influence s'affaiblir sur les marchés de l'énergie car le pétrole et les énergies renouvelables fonctionnent différemment. Le pétrole est une ressource extraite qui fait l'objet d'un commerce, tandis que les énergies renouvelables sont exploitées par la construction d'infrastructures nationales. En conséquence, il sera plus difficile pour un pays de nuire à l'approvisionnement énergétique des autres. Par exemple, la domination chinoise sur le marché des équipements d'énergie propre ne permet pas à Pékin de menacer les approvisionnements énergétiques mondiaux, comme le faisait autrefois le contrôle des marchés pétroliers par l'Organisation des pays exportateurs de pétrole (OPEP). Cependant, le passage aux énergies renouvelables va accroître la concurrence autour de certains minéraux, notamment le cobalt et le lithium pour les batteries, et les terres rares pour les aimants des moteurs et générateurs électriques. Dans leur course au développement de nouvelles technologies d'énergie renouvelable, les acteurs se concentrent sur les pays qui fournissent ces minéraux, comme la République démocratique du Congo et la Bolivie.

FORCES STRUCTURELLES

Économie

PRINCIPAUX POINTS À RETENIR

- Au cours des deux prochaines décennies, plusieurs tendances économiques mondiales façonneront les États en leur sein et dans leurs relations internationales : l'augmentation de la dette nationale, la complexification et la fragmentation de l'environnement commercial, le développement des services, de nouvelles perturbations de l'emploi et l'essor continu des entreprises les plus puissantes.

- De nombreux gouvernements verront leur marge de manœuvre réduite alors qu'ils doivent faire face à une dette plus lourde, à des règles commerciales plus nombreuses et à une pression de l'opinion publique pour relever des défis allant de l'évolution démographique au changement climatique.

- Les économies asiatiques semblent prêtes à poursuivre des décennies de croissance, bien que potentiellement à un rythme plus lent. La croissance de la productivité sera une variable clé à l'échelle mondiale. L'augmentation des taux de croissance dans les pays de l'Organisation de coopération et de développement économiques (OCDE) devrait aider les gouvernements à relever les défis économiques, démographiques et autres. L'augmentation du taux de croissance en Asie devrait permettre à de nombreux pays d'éviter le piège des revenus intermédiaires.

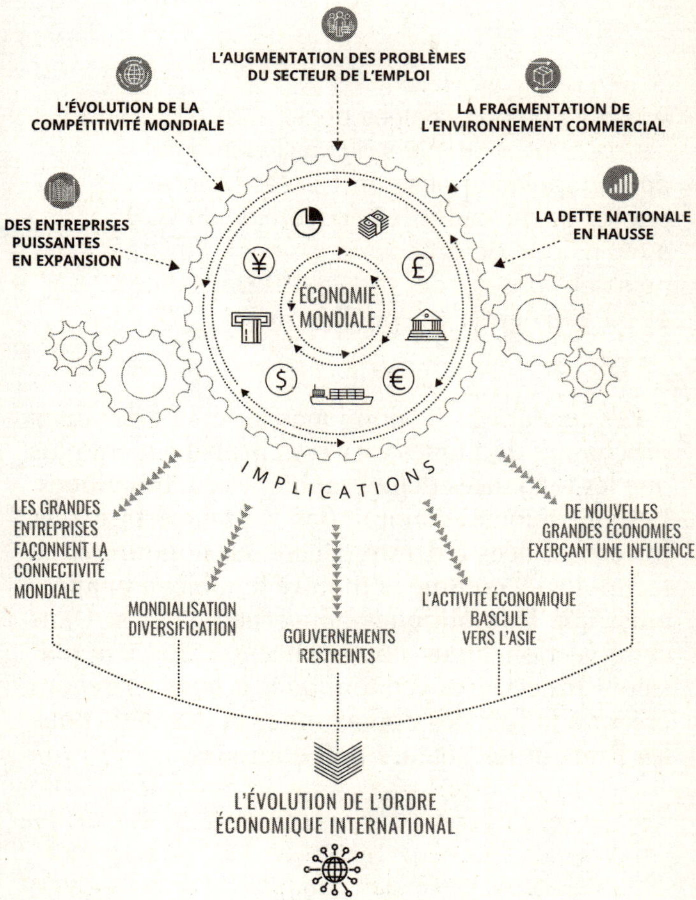

Au cours des prochaines décennies,
les coûts économiques du vieillissement
de la population pèseront sur les finances
publiques de toutes les économies du G20,
à moins que de grandes décisions
ne soient prises pour réduire les prestations
et/ou augmenter les impôts.

Les tendances économiques au cours des deux prochaines décennies varieront probablement plus que les tendances démographiques et climatiques. Les prévisions économiques sont incertaines et fortement liées à d'autres facteurs, notamment la technologie, comme le montre le tableau ci-après ainsi que les politiques gouvernementales. Dans cette section, nous nous concentrerons sur plusieurs trajectoires économiques à long terme qui créent à la fois des opportunités et des défis pour les États et les acteurs non étatiques.

UNE DETTE NATIONALE ÉLEVÉE, EN AUGMENTATION

La dette nationale a augmenté dans presque tous les pays depuis la crise financière mondiale de 2007-2008 et devrait continuer à augmenter au moins jusqu'en 2040. Les emprunts importants contractés en réponse à la pandémie du Covid-19, la pression créée par l'augmentation du nombre de personnes âgées dans la plupart des économies développées, les demandes accrues faites aux gouvernements pour stimuler la croissance économique et répondre à d'autres défis mondiaux ont creusé l'endettement. Les ratios de la dette nationale par rapport au produit intérieur brut (PIB) étaient plus élevés en 2019 qu'en 2008 dans près de 90 % des économies avancées, y compris les États-Unis et le Japon, et ont bondi en 2020 en raison de la pandémie et des réponses des gouvernements. Les ratios d'endettement moyens des marchés émergents en 2019 étaient comparables à ceux de la crise de la dette du milieu des années 1980 et des années 1990. En 2019, le Fonds monétaire international (FMI) a évalué qu'environ deux cinquièmes des pays en développement à faibles revenus présentaient un risque élevé de surendettement ou se trouvaient déjà en situation de surendettement. Au cours des prochaines décennies, les coûts économiques du vieillissement pèseront sur les finances publiques de toutes les économies du G20, à moins que de grandes décisions ne soient prises pour réduire les prestations ou augmenter les impôts.

La réduction des ratios de la dette nationale au cours des vingt prochaines années sera plus difficile que pendant la décennie qui a suivi la crise

■ DETTE NATIONALE EN POURCENTAGE DU PIB

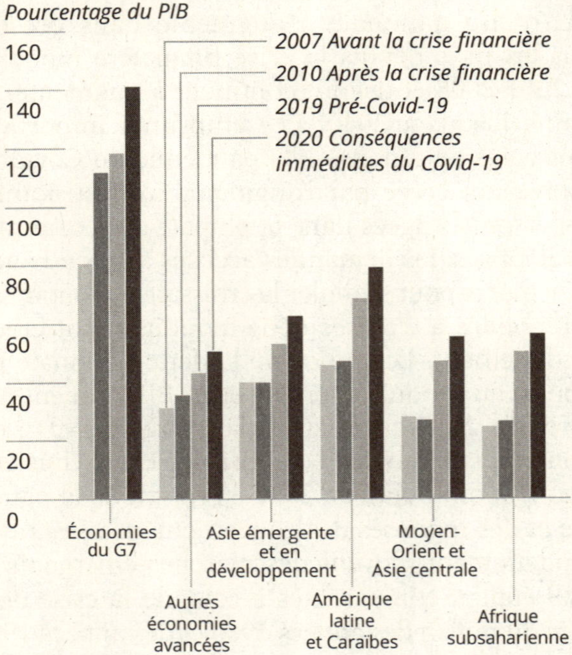

Source : WEO 2020 Database

financière. Le coût des soins de santé et des pensions dans la plupart des grandes économies, ainsi que celui des autres programmes sociaux, continueront de peser sur les dépenses discrétionnaires, sans gains de productivité majeurs ni réductions. Une croissance lente dans certaines économies réduira les recettes fiscales et empêchera les gouvernements concernés de réduire leurs dépenses puisqu'ils seront contraints d'investir dans la reprise économique et les infrastructures ou de répondre aux effets du changement climatique.

■ DETTE NATIONALE EN POURCENTAGE DU PIB

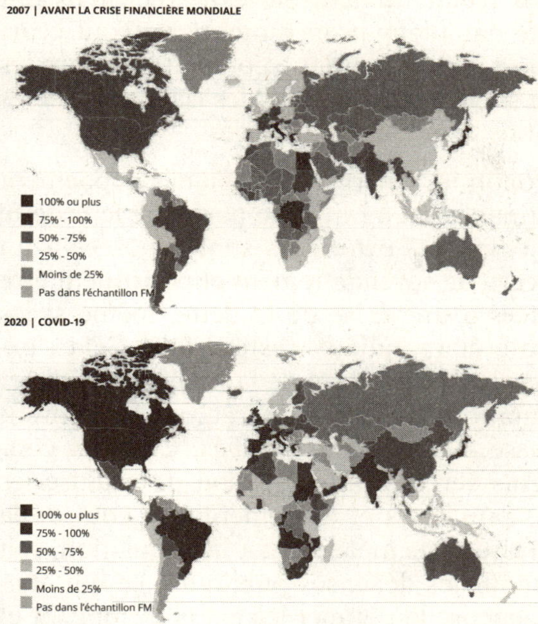

Source : FMI

Viable pour certains, mais plus risqué pour d'autres. Une période prolongée de faibles taux d'intérêt, semblable à celle qui a suivi la crise financière, rendrait la dette plus abordable pour certaines économies, notamment les économies avancées d'Asie, d'Europe et d'Amérique du Nord, ce qui leur permettrait de maintenir des ratios d'endettement nationaux plus élevés. Les principales banques centrales du monde, y compris la Banque centrale européenne, la Réserve fédérale et la Banque du Japon, ont mené une politique de taux d'intérêt très bas pendant la dernière décennie, et la plupart des économistes s'attendent à ce que ces pays soient en mesure de maintenir des ratios d'endettement élevés parce qu'ils ont emprunté dans leur propre monnaie. Tout écart par rapport à cette politique pourrait accroître les coûts du service de la dette et les risques associés à des ratios d'endettement élevés.

Les économies émergentes et en développement qui ont financé au moins une partie de leur dette par des emprunts extérieurs sont exposées à un risque accru de surendettement et pourraient être confrontées à une crise de la dette, même si les taux d'intérêt mondiaux restent bas. Cela s'explique par la dépréciation de la monnaie locale et l'augmentation des taux d'intérêt, qui engendrent une hausse du coût des services. Certains gouvernements seront contraints soit de réduire les dépenses publiques et d'augmenter le coût de la dette, au risque de mécontenter la population, soit de maintenir les dépenses publiques, ce qui augmentera encore la dette et les coûts d'emprunt et provoquera une dépréciation de la monnaie locale. Face à ce dilemme, certains gouvernements donneront la priorité aux dépenses nationales plutôt qu'au patrimoine mondial.

LES PERTURBATIONS DE L'EMPLOI

Le marché de l'emploi évoluera avec les nouvelles technologies, notamment l'automatisation, les outils de collaboration en ligne, l'intelligence artificielle (IA) et peut-être la fabrication additive. Les tâches qui semblaient autrefois pouvoir n'être effectuées que par des compétences humaines, comme la conduite d'une voiture ou le diagnostic d'une maladie, sont déjà automatisées ou susceptibles de l'être au cours de la prochaine décennie. Des études ont estimé que l'automatisation pourrait éliminer 9 % des emplois existants et en modifier radicalement environ un tiers au cours des quinze à vingt prochaines années. Les technologies émergentes créeront également des emplois et permettront une plus grande mobilité virtuelle de la main-d'œuvre grâce à Internet qui met en relation clients et prestataires de services indépendants, et qui transmet données et logiciels commerciaux à la vitesse de la lumière.

La démographie, en particulier le vieillissement des populations, accélérera l'automatisation, même si l'âge de la retraite s'élève. La plupart des plus grandes économies actuelles verront leur main-d'œuvre diminuer au cours des deux prochaines décennies en raison du départ à la retraite des travailleurs âgés. La Corée du Sud devrait perdre 23 % de sa population en âge de travailler (15-64 ans), le Japon 19 %, l'Europe du Sud 17 %, l'Allemagne 13 % et la Chine 11 % au cours de cette période, si l'âge de la retraite reste inchangé. L'automatisation – robots industriels traditionnels et automatisation des tâches par l'intelligence artificielle – va se répandre rapidement. Les entreprises doivent remplacer leur main-d'œuvre vieillissante dans ces économies. L'automatisation se développera plus lentement dans d'autres pays, l'essentiel étant de savoir si elle offre des avantages en termes de coûts, notamment par rapport à une main-d'œuvre peu qualifiée.

Le nombre d'emplois créés par les nouvelles technologies devrait dépasser celui des emplois détruits au cours des vingt prochaines années, si l'on en juge par les épisodes passés. Une étude du Forum économique mondial estime que, d'ici à 2025, l'automatisation aura créé 97 millions de nouveaux emplois et déplacé 85 millions d'emplois existants. Plusieurs facteurs – les compétences, la flexibilité, la démographie, les salaires de base, la part des emplois susceptibles d'être automatisés et l'accès à l'éducation permanente – détermineront la capacité d'adaptation de chaque pays à l'automatisation. Par exemple, à des niveaux d'automatisation comparables, les pays dont le nombre de personnes en âge de travailler augmente connaîtront davantage de bouleversements dans le secteur de l'emploi ou de pressions sur les salaires que les pays dont la population est plus âgée.

L'automatisation touchera une part croissante de la main-d'œuvre. Au cours des deux dernières décennies, elle a surtout remplacé des professions moyennement qualifiées, comme les opérateurs de machines, les ouvriers métallurgistes et les employés de bureau. L'automatisation touchera désormais des professions à hauts revenus : médecins, avocats, ingénieurs et professeurs d'université. Bien que de nouveaux emplois apparaissent, une inadéquation des compétences entre les emplois perdus et les emplois créés va apparaître. Cette inadéquation pourrait prolonger la période de chômage pour de nombreux travailleurs qui tentent d'acquérir les compétences requises pour les emplois nouvellement créés. Elle pourrait également fausser la répartition des gains. Les économies plus jeunes seront plus dynamiques si elles pourvoient à l'éducation et à la formation des nouveaux arrivants sur le marché du travail.

UN ENVIRONNEMENT COMMERCIAL PLUS FRAGMENTÉ

Le système commercial mondial risque de devenir encore plus fragmenté au cours des deux prochaines décennies. Depuis la création de l'Organisation mondiale du commerce (OMC) en 1995, peu ou pas de progrès ont été réalisés en vue de la conclusion de nouveaux accords commerciaux mondiaux. En revanche, les accords commerciaux régionaux et bilatéraux se sont multipliés, fragmentant encore davantage l'environnement commercial mondial. Un seul accord multilatéral, l'Accord sur la facilitation des échanges, a été conclu depuis la création de l'OMC. Les progrès ont été limités par des différences fondamentales entre les pays membres en matière de commerce agricole, de subventions dérivées et de protection de la propriété intellectuelle, ainsi que par le fossé qui se creuse entre pays développés et pays en développement. En l'absence de nouvelles mises au point, les règles commerciales actuelles sont inadaptées aux nouveaux types de flux, notamment au commerce électronique et autres services. Les obstacles au commerce international des services, tels que les règles de localisation des données et la protection de l'agriculture nationale, nuiront aux futurs accords de l'OMC.

PLUS D'EMPLOIS EN 2040 ?

L'ampleur et la rapidité avec lesquelles l'IA pourrait remplacer les emplois actuels soulèvent la question de savoir si les économies auront la capacité de générer suffisamment de nouveaux emplois et si les travailleurs auront les compétences requises pour les nouveaux postes.
Au cours des prochaines décennies, il est probable que l'IA suive le même chemin que les autres technologies, ce qui conduirait à une création nette d'emplois au fil du temps, mais ce qui pourrait initialement mener à un déclin généralisé si les anciens postes disparaissent plus vite que les nouveaux n'apparaissent.
Par ailleurs, certains économistes se demandent si l'IA ne risque pas de créer des perturbations continues dans le monde du travail, étant donné que les machines deviennent de plus en plus sophistiquées, ce qui rend les pertes d'emplois plus persistantes.

Les règles de l'OMC devenant obsolètes, les futurs accords régionaux établiront de nouvelles normes adaptées aux nouveaux types de transactions commerciales. D'où une nouvelle fragmentation des règles du commerce mondial. Le nombre d'accords commerciaux bilatéraux et régionaux a fortement augmenté depuis la création de l'OMC, et les accords sectoriels ont connu une pression plus limitée. Certains de ces accords ne couvrent pas seulement les droits de douane et l'accès au marché, mais établissent également des règles et des normes dans des domaines qui ne sont pas couverts par l'OMC ni par d'autres accords multilatéraux mondiaux, comme les règles du commerce numérique dans l'accord États-Unis-Mexique-Canada. Des accords

■ ACCORDS COMMERCIAUX RÉGIONAUX EN VIGUEUR

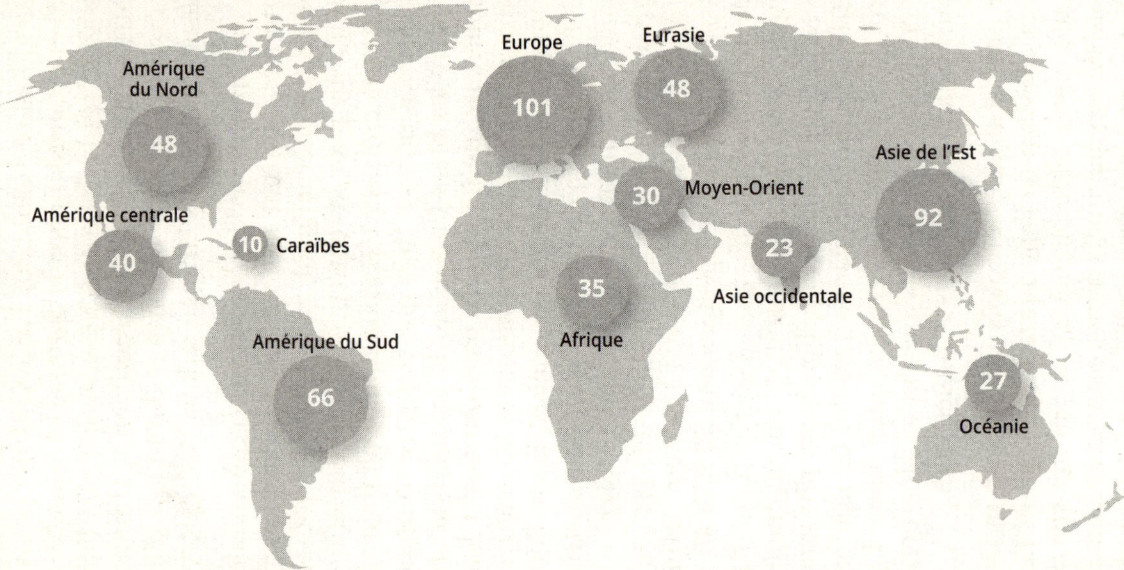

Source : World Trade Organization

plus importants, notamment le Partenariat économique global régional pour l'Asie (2020), l'Accord global et progressif pour le partenariat transpacifique (2018) et la Zone de libre-échange continentale africaine (2020), sont susceptibles de stimuler le commerce régional et d'attirer davantage d'investissements directs étrangers dans ces régions.

La multiplication des restrictions commerciales unilatérales, souvent non tarifaires, compliquera le commerce international, autant pour les gouvernements que pour les entreprises. Ces restrictions limiteront la croissance économique et affaibliront la croissance globale. Bien que la guerre commerciale entre les États-Unis et la Chine ait fait la une des journaux, de nombreux pays ont accru leur recours aux mesures commerciales restrictives au cours des douze dernières années. Entre 2008 et 2018, le nombre de mesures politiques restrictives liées au commerce mises en œuvre à l'échelle mondiale a augmenté de plus de 200 % par rapport à la décennie précédente, l'Amérique latine et l'Asie représentant respectivement 30 % et 40 % de ces mesures. Dans la région Asie-Pacifique, par exemple, les mesures non tarifaires ont augmenté alors même que les tarifs appliqués ont diminué. En 2019, l'Union européenne a atteint un nombre record de nouvelles barrières commerciales. Les restrictions commerciales s'ancrent ainsi structurellement dans les relations commerciales.

La protection des emplois du secteur industriel, la question de l'appropriation des gains liée à un monopole technologique, l'accent mis sur les moyens de production (comme l'équipement médical et les matières premières pharmaceutiques) précipiteront la mise en place de politiques commerciales protectionnistes. Le déclin de l'emploi dans le secteur industriel incitera les gouvernements, en particulier dans les économies avancées et émergentes dépendantes de l'industrie, à être plus protectionnistes. En outre, les technologies telles que l'intelligence artificielle ont démontré qu'il était avantageux d'être le premier à commercialiser un nouveau produit, aussi certains gouvernements utiliseront les restrictions commerciales pour être plus concurrentiels sur l'échiquier mondial. Enfin, la protection des moyens de production et des produits stratégiques, notamment les produits pharmaceutiques à la suite de la pandémie, pourrait entraîner un renforcement des restrictions commerciales pour ces industries.

La Chine, l'Union européenne, le Japon et d'autres puissances économiques utiliseront également leur influence pour promouvoir leur sécurité nationale, en faussant davantage les marchés. Depuis 2008, ils ont déjà intensifié leur utilisation des restrictions commerciales et des réglementations du marché intérieur à des fins d'influence stratégique. À l'avenir, le respect de la vie privée, le contrôle des données, le commerce des biens industriels et des technologies influenceront les politiques commerciales de plus en plus préoccupées par la sécurité nationale.

LA CONNECTIVITÉ ÉCONOMIQUE ÉVOLUE ET SE DIVERSIFIE

S'ajoutent aux politiques commerciales deux autres éléments susceptibles de transformer la connectivité économique : l'augmentation de la demande de services au-delà des frontières et la démocratisation du e-commerce. Ainsi, les chaînes de valeur mondiales, la localisation des investissements directs étrangers, la composition et la direction des échanges vont évoluer. Malgré la fragmentation du système mondial, le commerce d'un large éventail de services (notamment financiers), de télécommunications, d'information et de tourisme est appelé à se développer au cours des deux prochaines décennies. Dans les pays de l'OCDE, les services représentent environ 75 % du PIB et 80 % de l'emploi, mais la valeur actuelle du commerce des services à l'échelle mondiale ne représente qu'un tiers de celui des produits manufacturés, ce qui suggère qu'il existe une marge de croissance importante. L'OMC estime que le commerce mondial augmentera d'environ 2 points par rapport au taux de croissance de base en 2030 si les pays adoptent les technologies numériques. Cela faciliterait l'expansion du commerce de services et donnera un nouvel élan à la croissance continue de la connectivité économique.

L'AVENIR INCERTAIN DE L'ARGENT

Le secteur financier n'est pas à l'abri des changements technologiques qui transforment d'autres industries.

Les monnaies numériques sont susceptibles d'être plus largement acceptées au cours des deux prochaines décennies, à mesure que le nombre de monnaies virtuelles proposées par les banques centrales augmente. La banque centrale de Chine a lancé la sienne en 2020, et un consortium d'autres banques, travaillant en collaboration avec la Banque des règlements internationaux, explore les principes fondamentaux des monnaies numériques souveraines. L'introduction des monnaies numériques émises par des entreprises privées, comme le Libra proposé par Facebook, contribuerait à renforcer l'acceptation desdites monnaies. La mesure dans laquelle celles émises par des tiers privés constitueront un substitut à l'utilisation des monnaies fiduciaires régionales ou nationales (y compris le dollar américain et l'euro) dans le cadre de transactions dépendra des réglementations qui seront établies.

Le dollar et l'euro sont également susceptibles d'être menacés par d'autres monnaies fiduciaires, dont la portée dépendra des changements dans la structure financière mondiale actuelle et de l'importance des liens internationaux. Les monnaies numériques issues d'entreprises privées pourraient complexifier la politique monétaire en affaiblissant le contrôle exercé par les pays sur le taux de change et la masse monétaire.

Les nouvelles technologies de fabrication modifient le commerce. La configuration des chaînes d'approvisionnement mondiales en 2020 reflétait largement l'importance des économies d'échelle et de la main-d'œuvre comme source de création de valeur dans le secteur industriel. Ce constat a conduit certains pays à bas salaire comme la Chine à centraliser leur production. Un fort accroissement de l'utilisation des technologies numériques et de la fabrication additive augmentera les économies d'échelle, réduira la main-d'œuvre et encouragera les entreprises à déplacer leur production plus près du lieu de vente. Ces nouvelles technologies de production pourraient réduire l'attrait de la localisation de la production en Chine et accélérer le rythme auquel les entreprises réorientent leurs chaînes d'approvisionnement.

Les entreprises de commerce électronique favorisent le commerce mondial. L'informatique en nuage, l'automatisation, l'analyse des données, l'intelligence artificielle et d'autres technologies de l'information entraînent de nouveaux modes de distribution qui élargissent l'accès aux marchés internationaux pour tous les vendeurs, mais surtout pour les petites et moyennes entreprises qui devaient faire face auparavant à des coûts d'entrée élevés sur les marchés étrangers. Les plateformes de commerce électronique, parmi lesquelles figuraient en 2020 la société chinoise Alibaba et l'américaine Amazon, créent un marché qui met en relation acheteurs et vendeurs indépendamment de la situation géographique, offrant aux entreprises un moyen comparativement peu coûteux et peu risqué de pénétrer sur les marchés étrangers. Ces plateformes augmentent considérablement les flux commerciaux internationaux.

Les ventes du commerce électronique en 2018 étaient équivalentes à 30 % du PIB mondial cette année-là, selon les données publiées en 2020. Le commerce électronique international englobe les ventes d'entreprise à entreprise et d'entreprise à consommateur ; environ 25 % de tous les acheteurs en ligne ont effectué des achats transfrontaliers en 2018. Pour l'avenir, l'augmentation de l'accès à Internet, la baisse du coût des données, la démocratisation des smartphones et d'Internet, l'effet de la pandémie : tout concourt à stimuler les ventes en ligne, en particulier sur les grandes plateformes mondiales.

Les entreprises multinationales superstars poursuivent la mondialisation de l'économie. La technologie et la numérisation transforment également la structure de certaines industries, renforçant la prévalence d'oligopoles et de quasi-monopoles et entraînant l'essor des multinationales superstars, un modèle dans lequel le gagnant rafle tout. Ces entreprises sont les plus grandes et les plus rentables dans tous les secteurs, y compris les produits pharmaceutiques, les biens de consommation et les technologies de l'information. Ces entreprises ont capté environ 80 % de l'économie mondiale parmi les entreprises ayant un chiffre d'affaires annuel supérieur à 1 milliard de dollars en 2017 et ont réalisé un profit économique environ 1,6 fois plus élevé qu'en 1997. Les entreprises superstars, bien que domiciliées dans un seul pays, vendent dans le monde entier. La croissance de la taille et de la portée de ces entreprises est susceptible de se traduire par un renforcement de la mondialisation économique. Les facteurs économiques qui favorisent l'essor des entreprises superstars – les coûts fixes élevés, les faibles coûts marginaux, les effets de réseau et de plateforme, l'apprentissage automatique – devraient persister au cours des deux prochaines décennies.

En outre, comme la technologie (y compris le big data et l'apprentissage automatique) et les biens incorporels (comme les marques) deviendront des moteurs de plus en plus importants de la création de valeur au cours des deux prochaines décennies, accentuant la domination du marché par les entreprises superstars. La croissance de ces entreprises affectera la répartition des gains entre les pays et à l'intérieur de ceux-ci, ce qui entraînera des frictions et une réglementation inégale dans la mesure où les économies d'accueil tentent de s'approprier une partie des gains économiques. Le pouvoir de ces entreprises, au-delà du monde des affaires – notamment le contrôle des flux de données et d'informations – encouragera les gouvernements à les encadrer, essentiellement en tant que services publics, voire à les démanteler.

Les multinationales d'État continuent de se développer. Les multinationales d'État, dont la plupart sont originaires de Chine, d'Inde, de Russie, d'Arabie saoudite, des Émirats arabes unis et de certains pays membres de l'Union européenne, continueront très certainement à participer activement au commerce international. Certaines multinationales peuvent fausser le paysage concurrentiel mondial en raison du soutien public qu'elles reçoivent. Au fur et à mesure de l'intensification de la concurrence pour l'hégémonie technologique, les multinationales, y compris en Chine, pourraient accroître leur dépendance à l'égard de l'État afin de s'approprier et de verrouiller les avantages acquis. Cela inciterait les entreprises privées à faire pression sur leurs gouvernements pour qu'ils interviennent en leur faveur.

L'IA POURRAIT-ELLE AUGMENTER LA PRODUCTIVITÉ ?

La croissance de la productivité du travail a diminué dans la plupart des économies au cours des deux dernières décennies, alors même que les progrès technologiques ont été considérables. La prochaine vague d'améliorations, dont l'IA fait partie, pourrait inverser la tendance.

L'IA devrait avoir des effets importants sur la productivité au cours des deux prochaines décennies, compte tenu de la nature différée des gains de productivité liés à l'électricité et à l'informatique. Le rythme d'adoption pourrait également augmenter ces gains. Selon une étude, l'IA pourrait accroître le PIB mondial de 1,2 % par an si 70 % des entreprises en adoptaient une forme d'ici 2030.

Bien que les bénéfices éventuels soient susceptibles d'être répartis de manière inégale, tant entre les pays qu'au sein même de ceux-ci, les nations qui bénéficieraient nettement d'une augmentation de la productivité grâce à l'IA développeraient des opportunités économiques susceptibles de fournir de plus nombreux services, de réduire la dette nationale, et payer le coût d'une population vieillissante.

Basculement du poids économique vers l'Asie

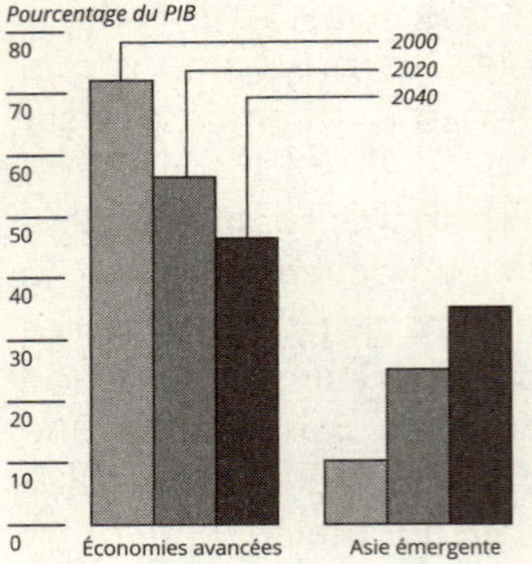

Source :Oxford Economics

Prévision de la répartition du PIB mondial

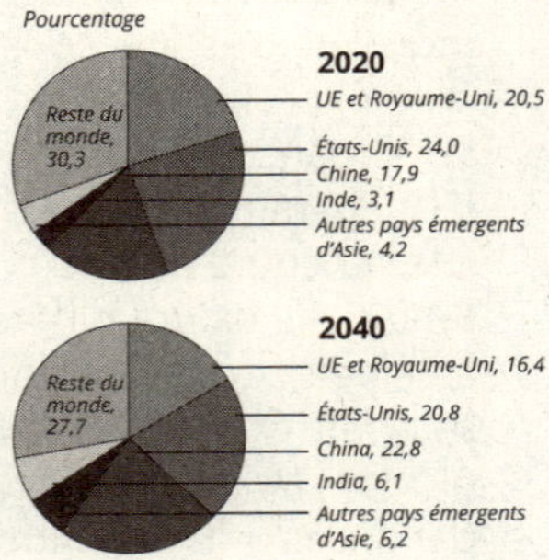

Source : Oxford Economics

Prévision du glissement de l'activité économique vers l'Asie

2040 Rang de la population	*2020 Rang PIB*	*2040 Rang PIB*
1 | INDE	6	↑ 3
2 | CHINE	2	↑ 1
5 | INDONÉSIE	16	↑ 8
6 | PAKISTAN	39	↑ 23
8 | BANGLADESH	44	↑ 28
14 | PHILIPPINES	34	↑ 20
15 | JAPON	3	↓ 4
16 | VIETNAM	40	↑ 24

Source : Oxford Economics

L'INCLINAISON CONTINUE VERS L'ASIE

L'activité économique mondiale s'est orientée vers l'Asie au cours des quarante dernières années, en raison de son taux de croissance économique plus élevé que celui du reste du monde, de sa grande population et de la réduction de la pauvreté extrême – une tendance qui se poursuivra très certainement au moins jusqu'en 2030 et peut-être même jusqu'en 2040.

Certains des pays les plus peuplés d'Asie sont bien placés pour faire partie des plus grandes économies du monde d'ici à 2040, même si leur revenu par habitant est inférieur à celui des économies avancées. La croissance record de l'Asie au cours des quarante dernières années a entraîné une convergence entre les niveaux de vie asiatiques et ceux des économies à revenus intermédiaires, voire élevés. En 2020, la Chine et d'autres pays asiatiques en développement ont contribué au PIB mondial à hauteur de 18 % et de 7 % respectivement. Si cette tendance se poursuit, les pays en développement d'Asie devraient, d'ici à 2040, représenter 35 % du PIB mondial. L'Inde et la Chine en seront les principaux contributeurs avec 29 % du PIB mondial, selon Oxford Economics.

L'accélération de la croissance économique en Asie pourrait permettre à certains des pays les plus peuplés de faire partie des plus grandes économies du monde d'ici 2040. Par exemple, l'accélération de la croissance économique en Inde – qui est en passe de devenir le pays le plus peuplé en 2027 – pourrait propulser cette nation parmi les trois plus grandes économies du monde. De même, une croissance plus rapide en Indonésie, quatrième pays le plus peuplé du monde, pourrait lui permettre de faire partie des dix premières économies d'ici 2040. Toutefois, leurs niveaux de vie ou leur PIB par habitant resteront probablement bien inférieurs à ceux des économies avancées.

PERTURBATIONS ET IMPLICATIONS GÉNÉRALES

L'environnement économique du futur, caractérisé par une dette nationale croissante, un environnement commercial plus complexe, des connexions mondiales divergentes et des perturbations de l'emploi, augmentera les pressions sur les gouvernements. Prises ensemble, ces tendances déplaceront l'influence économique vers un plus grand nombre d'acteurs, y compris vers des sociétés privées et des économies moins ouvertes, la Chine en tête.

Restriction des contributions aux défis mondiaux. Une dette nationale élevée, et les coûts du service de la dette qui y sont associés, pourraient restreindre la contribution financière que les gouvernements sont capables et désireux d'apporter aux biens publics mondiaux et pour relever des défis communs, notamment la santé mondiale et le changement climatique. Les pays riches réduiront leurs programmes d'aide à la santé, ou ne seront plus en mesure de les développer pour répondre à l'augmentation de la population dans les pays pauvres. Des investissements moindres retarderont les mesures d'atténuation des émissions de carbone, et les pays développés reviendront certainement sur leurs engagements à financer l'adaptation des pays en développement. Le ralentissement de la croissance et l'endettement élevé limiteront également la capacité de certains gouvernements, notamment ceux des pays en développement les plus exposés aux effets néfastes du climat, à investir dans des mesures d'adaptation visant à protéger leurs infrastructures et leurs communautés des conditions météorologiques extrêmes.

La « plateformisation » stimule la croissance économique. Les plateformes de commerce électronique ne soutiendront pas seulement la mondialisation en rapprochant les clients et les entreprises au-delà des frontières, mais elles pourront également faciliter la croissance des entreprises nationales en offrant un marché où les entreprises et les clients nationaux peuvent se rencontrer. L'essor des plateformes de commerce électronique pourrait contribuer à stimuler la croissance des petites et moyennes entreprises, qui ont toujours contribué de façon importante à la croissance économique et à la création d'emplois. Ces petites et moyennes entreprises font régulièrement face à des contraintes de financement, mais les plateformes de commerce en ligne ont souvent un coût d'acquisition de clientèle inférieur et une portée commerciale potentiellement plus importante, ce qui permet de réduire les coûts, d'augmenter les financements et d'offrir une croissance plus rapide.

Dans les marchés en développement et émergents, ces plateformes pourraient réduire les barrières à l'entrée, aider à débloquer des financements et fournir une voie vers la formalisation de l'économie souterraine. Une réglementation plus stricte des plateformes – en particulier par les pays qui tentent d'imposer des barrières commerciales – pourrait réduire leurs bénéfices.

Les défis croissants de la gouvernance économique internationale. Le nombre d'économies importantes mais encore en développement et leur poids économique relatif augmenteront au cours des vingt prochaines années. Ces économies, la Chine en tête, pourraient exiger de plus en plus d'influence sur la direction des organisations internationales à vocation économique, modifiant les normes et les standards pour refléter leurs intérêts, dont certains pourraient être incompatibles avec ceux des économies avancées. D'autres frictions apparaîtront du fait que ces économies sont importantes dans l'ensemble mais toujours considérées comme en développement sur la base du PIB par habitant, ce qui leur donne accès à des facilités du FMI, de la Banque mondiale et de l'OMC. Ces tensions pourraient façonner l'orientation future et miner l'efficacité de ces organisations, mais aussi entraîner la création d'autres organisations parallèles et accroître l'influence des économies en développement sur les règles économiques mondiales.

FORCES STRUCTURELLES

Technologie

PRINCIPAUX POINTS À RETENIR

- Au cours des deux prochaines décennies, le rythme et l'impact des évolutions technologiques devraient s'intensifier, transformant et améliorant les expériences, les capacités humaines et offrant la possibilité de relever des défis tels que le vieillissement, le changement climatique et la faible croissance de la productivité, tout en créant par ailleurs de nouvelles tensions et perturbations au sein des sociétés, des industries et des États et entre eux.

- Les prochaines décennies verront s'intensifier la concurrence mondiale pour acquérir les atouts de la suprématie technologique : les talents, les compétences et les marchés. Cela donnera naissance à de nouveaux leaders et hégémonies technologiques.

- La course à la domination technologique est inextricablement liée à l'évolution de la géopolitique et à la rivalité générale entre la Chine et les États-Unis, mais l'avantage technologique se verra accru par les entreprises qui bénéficient de ressources, d'une vision à long terme et d'un rayonnement international.

- Les technologies et applications dérivées seront adoptées rapidement. Ainsi, les pays en développement pourront profiter des dernières avancées, concevoir des applications mondiales dans des domaines de niches et contribuer à la chaîne de distribution globale.

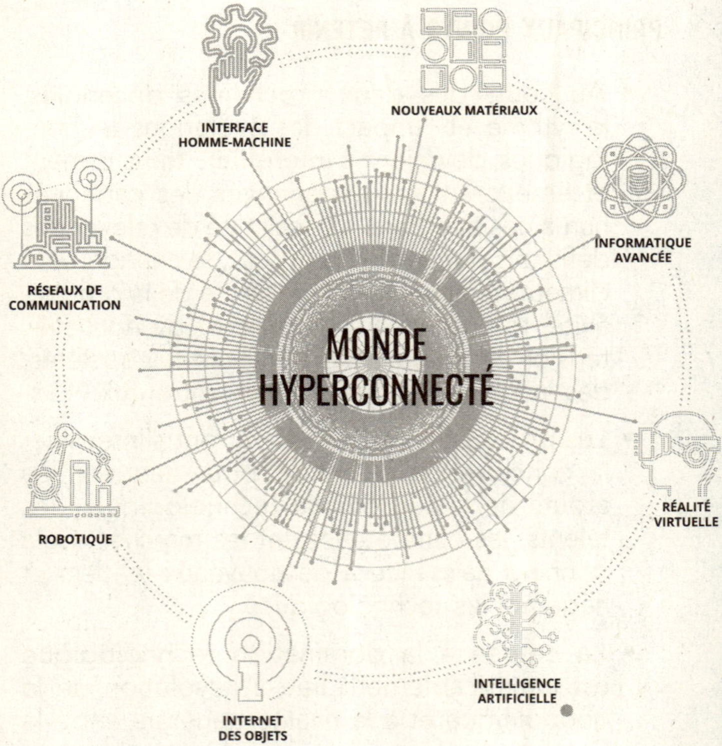

La convergence croissante d'éléments apparemment sans rapport et la montée en puissance de la concurrence mondiale pour générer et conserver des avantages accélèrent l'émergence de technologies de pointe.

Il est difficile d'évaluer les tendances technologiques et leurs implications plus larges car les délais restent incertains, le chemin menant de la science fondamentale à une application transformationnelle peut être difficile à discerner, et les liens entre une technologie et ses implications potentielles plus larges peuvent être indirects et complexes. Les technologies émergentes soulèvent également une myriade de questions éthiques, sociétales et sécuritaires – allant, par exemple, de ce que nous sommes en tant qu'êtres humains à notre impact sur l'environnement, en passant par les limites de l'acceptable en temps de guerre.

LES TENDANCES DES TECHNOLOGIES ÉMERGENTES

De multiples tendances façonnent le paysage technologique des deux prochaines décennies et, même si les nouvelles technologies n'émergeront pas de manière uniforme ou prévisible, elles partageront probablement certains moteurs et dynamiques communs. La convergence croissante de domaines apparemment sans rapport entre eux et l'intensification de la concurrence mondiale pour générer et conserver un avantage accélèrent l'émergence de technologies de pointe. La diffusion des connaissances, la fixation agressive de normes pour favoriser une solution technologique plutôt qu'une autre, et des délais de développement de produits toujours plus courts, favoriseront une stratégie à long terme et une prise de décision rapide pour éviter les faux pas et le retard sur les concurrents.

La convergence scientifique, source d'innovation. La convergence de domaines de recherche scientifique et d'applications technologiques apparemment sans rapport entre eux rend possible, pratique et utile le développement rapide de nouvelles applications. Par exemple, le smartphone a été créé grâce à des décennies de recherche fondamentale et de développement dans les domaines de l'électronique, des antennes, des matériaux, des batteries, des réseaux de télécommunications et des interfaces utilisateur. D'ici à 2040, la convergence croissante des technologies, telles que l'intelligence artificielle (IA), les télécommunications à haut débit et les biotechnologies, sera renforcée par une meilleure compréhension des sciences sociales et comportementales afin de permettre des avancées rapides et des applications personnalisées par l'utilisateur qui sont bien plus que la somme de leurs parties. Ensemble, ces plateformes technologiques pourront alors servir de socle à une innovation rapide tout en réduisant les obstacles à l'entrée sur le marché.

Une concurrence croissante pour la domination. La course à la domination technologique est inextricablement liée à l'évolution de la géopolitique, de plus en plus façonnée par des rivalités politiques, économiques et sociétales plus larges, notamment celles associées à l'essor de la Chine. L'accumulation des ressources nécessaires pour maintenir un large leadership technologique, y compris la concentration de talents humains, de connaissances fondamentales et de chaînes d'approvisionnement, nécessite des décennies d'investissement à long terme et un leadership visionnaire. Ceux qui concentrent leurs ressources aujourd'hui seront probablement les leaders technologiques de 2040. Dans les économies ouvertes, un mélange d'efforts privés et de partenariats entre les gouvernements, les entreprises privées et les programmes de recherche concurrencera les économies dirigées par l'État. Celles-ci pourront avoir un avantage dans l'orientation et la concentration de ressources, y compris l'accès aux données, mais peuvent ne pas bénéficier des avantages d'environnements plus ouverts, créatifs et compétitifs.

Technologies diffusées à l'échelle mondiale. Dans presque toutes les régions du monde, les technologies et les applications dérivées sont disponibles et peuvent être adoptées rapidement. Ainsi, même les pays en développement peuvent profiter des dernières avancées fondamentales, et développer des applications mondiales dans des domaines de niches ou contribuer aux chaînes d'approvisionnement des économies plus avancées. De nombreux États chercheront à accélérer et à exploiter ce processus, en parrainant des efforts ciblés, tels que des alternatives locales à la SiliconValley ou des incubateurs de biotechnologie qui augmenteront le nombre de nouvelles applications provenant d'endroits inattendus.

Des délais de plus en plus courts. Le temps nécessaire au développement, au déploiement, à la maturation, puis au retrait des technologies passe de plusieurs décennies à quelques années, voire parfois beaucoup moins. Plusieurs acteurs, y compris des entreprises et des États, à l'avant-garde des technologies émergentes, peuvent déployer et exploiter une nouvelle technologie avant que les autres ne sortent des starting-blocks. Ceux qui essaient de rattraper leur retard, en particulier dans les pays en développement, seront contraints de choisir des technologies avant que les implications de ces choix ne soient pleinement comprises, avec le risque d'investir dans des impasses technologiques ou de prendre un retard impossible à rattraper. Les économies planifiées réagissent plus rapidement aux développements technologiques émergents, parfois au prix d'une réduction de la diversité et de l'efficacité technologiques.

LES TECHNOLOGIES AU SERVICE DE LA TRANSFORMATION

Bien que la technologie progresse de manière imprévisible, marquée par des difficultés inattendues et des percées imprévues, certains domaines technologiques semblent offrir le potentiel nécessaire aux changements en profondeur et peuvent fournir des exemples de conséquences potentielles des nouvelles technologies dans les décennies à venir.

Les sections suivantes, consacrées à l'intelligence artificielle, aux biotechnologies, aux matériaux et à la fabrication, sélectionnées après consultation des leaders technologiques, mettent en lumière les avantages et les risques potentiels des nouvelles technologies, individuellement et collectivement, dans la création d'un futur monde hyperconnecté. Les avancées dans ces domaines se combineront avec d'autres technologies, comme le stockage de l'énergie, pour façonner les sociétés, les économies et peut-être la nature du pouvoir.

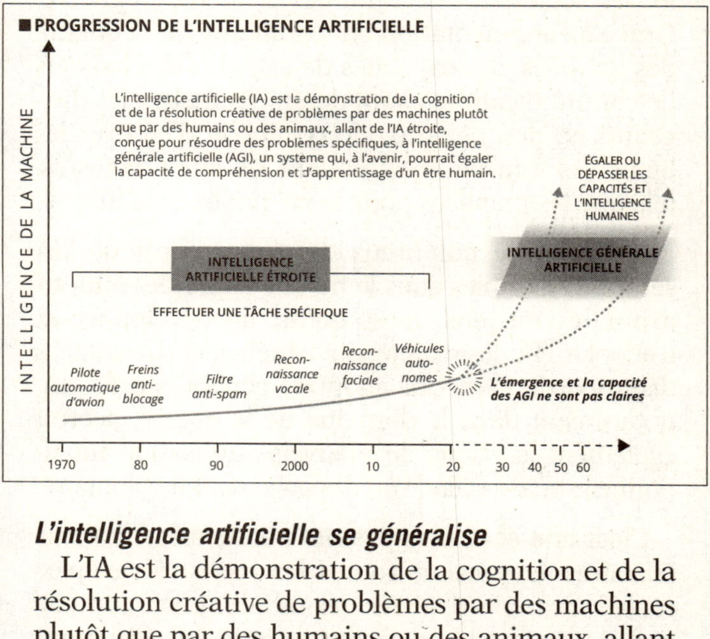

L'intelligence artificielle se généralise

L'IA est la démonstration de la cognition et de la résolution créative de problèmes par des machines plutôt que par des humains ou des animaux, allant de l'IA étroite, conçue pour résoudre des problèmes spécifiques, à l'intelligence artificielle générale, un système qui, à l'avenir, pourra égaler ou dépasser la capacité de compréhension et d'apprentissage d'un être humain. D'ici à 2040, les applications de l'IA, combinées à d'autres technologies, profiteront à presque tous les aspects de la vie : amélioration des soins de santé, transports plus sûrs et plus efficaces, éducation personnalisée, amélioration des logiciels pour les tâches quotidiennes et augmentation du rendement des cultures agricoles. Les dirigeants politiques et commerciaux du monde entier sont à la recherche de talents mondiaux et consacrent des ressources au développement de l'IA, dans l'espoir d'être parmi les premiers à l'utiliser pour remodeler les sociétés, les économies et même la guerre. Grâce à l'augmentation concomitante de la qualité des données, des capacités de calcul et des liaisons de communication à haut débit, l'IA mettra les dirigeants au défi de suivre le rythme et d'en tirer les bénéfices tout en en atténuant les effets néfastes, tels que les menaces pour la vie privée et la liberté.

Même si de nombreux développements de l'IA seront disponibles dans le monde entier, les nations ayant les moyens de soutenir, de développer et d'adopter l'IA dès maintenant bénéficient d'avantages disproportionnés. Une adoption généralisée de l'IA, notamment dans le domaine de la guerre, accroît également le risque de mauvaise utilisation intentionnelle ou d'escalade ou d'engagement involontaire.

L'industrie et la main-d'œuvre transformées. L'IA va transformer presque toutes les industries et perturber la main-d'œuvre mondiale, en créant de nouveaux domaines d'emploi, et en en éliminant d'autres, entraînant ainsi d'importantes redistributions écologiques et sociales. Le travail en équipe avec des humains sera courant pour de nombreux emplois futurs. Pour exploiter les avantages de l'IA tout en atténuant le chômage, les pays et les entreprises devront se concentrer sur l'éducation et le recyclage de leur main-d'œuvre.

Les données seront reines. Les industries et les organisations du futur qui dépendent de l'IA auront besoin de quantités massives de données pour fonctionner de manière efficace et compétitive. Les institutions, les entreprises et les pays qui investissent déjà dans des moyens d'acquérir, de classer, de stocker et de monétiser les données seront avantagés. Les quantités sans précédent de données disponibles en 2040 fourniront des informations et des capacités précieuses, mais feront de l'accès, de la confidentialité, de la propriété et du contrôle des données, des domaines de concurrence et de conflits croissants.

Réinvention de la sécurité et de la vie privée. Les notions actuelles de respect de la vie privée vont continuer à évoluer, les individus devant partager davantage d'informations personnelles pour accéder aux applications, et le suivi devenant omniprésent. Les gouvernements autoritaires sont susceptibles d'exploiter l'augmentation des données pour surveiller, voire contrôler, leurs populations. En outre, de nombreuses entreprises et organisations disposeront d'outils puissants, tels que la manipulation de vidéos, ou de fausses vidéos, pour améliorer le marketing personnalisé ou développer une certaine version de l'histoire. Les applications d'IA émergentes peuvent également devenir des cibles potentielles pour la manipulation de données afin de fausser leurs résultats.

L'éthique de l'autonomie. Le développement de l'IA et le niveau d'implication de l'homme dans la prise de décision, le cas échéant, continueront à soulever des préoccupations éthiques, et les perspectives sur les obligations éthiques sont susceptibles de différer à l'échelle mondiale. En outre, la nature opaque du processus décisionnel de l'IA accroît le risque de partialité involontaire, de discrimination, de résultats inattendus ou de mauvaise orientation intentionnelle. La coopération visant à faire progresser une IA digne de confiance, avec des processus décisionnels clairs et transparents, peut améliorer la confiance de toutes les parties concernées. Même si de nombreux pays vont élaborer des règles strictes sur l'utilisation des données personnelles, il y aura un débat sur la question de savoir si ces règles peuvent coexister avec la pleine réalisation des capacités de l'IA.

Guerre améliorée par l'IA. L'IA conférera de solides avantages aux pays qui l'intègrent dans leur stratégie militaire. Elle améliorera les performances des armes, des défenses et des systèmes de sécurité existants, tant physiques que cybernétiques, tandis que des techniques de contre-IA, conçues pour annuler ou brouiller les décisions de l'IA, sont également susceptibles d'apparaître.

Matériaux et fabrication intelligents pour la construction d'un monde nouveau

D'ici à 2040, les progrès réalisés dans le domaine des nouveaux matériaux, associés à la fabrication intelligente, transformeront la production de tous les produits, des biens de consommation aux systèmes militaires haut de gamme, en réduisant les coûts, en étendant les capacités, en modifiant les chaînes d'approvisionnement et en permettant des options de conception entièrement nouvelles. La période de changement rapide dans laquelle nous entrons est souvent appelée « quatrième révolution industrielle » en raison de son potentiel d'amélioration des niveaux de vie tout en bouleversant éventuellement les industries, les emplois, les chaînes d'approvisionnement et les modèles commerciaux traditionnels.

Les matériaux et la fabrication sont inextricablement liés dans un cycle vertueux de longue date, où les progrès d'un côté font progresser de l'autre. Bien que ce cycle puisse continuer à lui seul à faire progresser les choses pendant des décennies, il sera très probablement accéléré par les progrès convergents du calcul à haute performance, de la modélisation des matériaux, de l'IA et des biomatériaux. L'augmentation de la connectivité complétera cette croissance en permettant aux progrès d'être distribués et accessibles dans le monde entier.

Options de conception accrues. La fabrication additive (FA), plus connue sous le nom d'impression 3D, est utilisée pour fabriquer une variété croissante de matériaux, du titane aux explosifs, dans des installations plus petites et avec moins d'expertise, apportant des capacités de fabrication avancées aux petites entreprises et aux particuliers du monde entier. Malgré certains obstacles techniques et les questions de fiabilité, la FA est à l'origine d'une révolution dans la fabrication moderne en permettant le prototypage rapide, les pièces hautement personnalisées, la production sur site et la fabrication de formes qui seraient autrement impossibles.

S'adapter à la volée. Les progrès des systèmes d'information, y compris la modélisation informatique et l'apprentissage automatique, combinés à des systèmes physiques avancés, tels qu'une connectivité des objets puissante et une robotique avancée, devraient permettre la mise en place de systèmes de fabrication collaboratifs entièrement intégrés qui répondent en temps réel à l'évolution des conditions dans l'usine, dans le réseau d'approvisionnement et dans la demande.

Concevez ce dont vous avez besoin. Les matériaux subissent aujourd'hui une transformation révolutionnaire, passant de matériaux prêts à l'emploi à des matériaux et des processus optimisés conçus pour des produits personnalisés. Combinés à la fabrication additive, les matériaux personnalisés permettront de réaliser de grands progrès pour rendre tout ce qui existe, des avions aux téléphones portables, plus solide, plus léger et plus durable.

Assemblez ce dont vous avez besoin. Les décennies à venir verront des avancées dans le développement de nouveaux matériaux aux propriétés jusqu'alors inaccessibles, permettant des niveaux de performance jusqu'alors inatteignables pour de nombreuses applications. Les matériaux bidimensionnels, les métamatériaux et la matière programmable auront une force, une flexibilité, une conductivité ou d'autres propriétés inédites permettant de nouvelles applications.

La biotechnologie au service de l'innovation rapide. L'amélioration de la capacité à manipuler de manière prévisible les systèmes biologiques, renforcée par les progrès dans les domaines de l'automatisation, de l'information et des sciences des matériaux, suscite des innovations sans précédent dans les domaines de la santé, de l'agriculture, de la fabrication et des sciences cognitives. D'ici à 2040, les innovations biotechnologiques permettront très probablement aux sociétés de réduire les maladies, la faim et la dépendance à l'égard des produits pétrochimiques et transformeront notre façon d'interagir avec l'environnement et les autres. Les sociétés devront relever le défi d'exploiter ces progrès tout en s'attaquant aux problèmes de marché, de réglementation, de sécurité et d'éthique qui entourent ces technologies – par exemple, les cultures et les aliments génétiquement modifiés.

Les biotechnologies sont susceptibles de contribuer de manière significative à la croissance économique au cours des deux prochaines décennies, et d'affecter potentiellement 20 % de l'activité économique mondiale d'ici 2040, notamment dans l'agriculture et l'industrie manufacturière, sur la base du taux de croissance de la bioéconomie par rapport au produit intérieur brut (PIB). En 2019, les États-Unis ont estimé leur bioéconomie à près de 1 000 milliards de dollars par an, soit environ 5,1 % de leur économie totale, alors que les estimations de l'Union européenne et de l'ONU, qui appliquent une définition plus large des activités bioéconomiques, montrent que la biotechnologie contribue jusqu'à 10 % à l'économie européenne en 2017-2019.

AVANTAGES ET RISQUES DES APPLICATIONS BIOTECHNOLOGIQUES AVANCÉES

AVANTAGES	APPLICATION	RISQUES
Les erreurs de diagnostic s'effondrent et le bilan du système de santé s'améliore.	**SANTÉ NUMÉRIQUE / MÉDECINE PERSONNALISÉE** *Traitements médicaux sur mesure utilisant l'IA pour combiner les données issues du séquençage génétique, des diagnostics et de la biosurveillance.*	*Disparités d'accès dues aux coûts ou à la localisation. Mauvaise utilisation des données de santé personnelles ou manipulation.*
Traitements médicaux rapides, plus efficaces.	**LA PRODUCTION DE MÉDICAMENTS À LA DEMANDE** *Les thérapies cellulaires et génétiques, combinées aux améliorations de la conception et de la production des médicaments, pour une réponse plus rapide aux maladies.*	*Disputes sur la priorisation de la R&D dans les pays développés et en développement.*
Réduire les délais et les rejets d'organes, les greffes et les réparations.	**BIO-IMPRESSION ET XÉNOTRANSPLANTATION** *La fabrication additive permet d'"imprimer" des parties biologiques pour des tests médicaux ou le remplacement de tissus, de cultiver des organes compatibles avec l'homme chez des animaux en vue d'une transplantation..*	*Des disparités d'accès en raison des coûts initiaux élevés.*
Réduction importante des maladies génétiques héréditaires.	**INGÉNIERIE DE LA REPRODUCTION** *Utilisation des technologies génomiques pour sélectionner et modifier les embryons humains en fonction d'un large éventail de caractéristiques et de capacités.*	*Des clivages éthiques et sociaux sur les applications. L'inégalité d'accè*
Nouveaux traitements pour les troubles neurologiques. Amélioration de la cognition et une perception élargie.	**INTERFACES HOMME-MACHINE** *Augmentation par la machine des processus cognitifs humains.*	*Tensions entre les individus augment et non augmentés. Nouvelles vulnérabilités cyber/bio.*
Amélioration de la rapidité et de la fiabilité de la conception et de la fabrication de nouveaux matériaux et médicaments.	**BIOFABRICATION** *Bio-conception et production de matériaux, de médicaments et d'aliments améliorés ou hautement spécifiés.*	*Augmentation des risques d'abus et d restructuration des effectifs.*
Production rapide de molécules, matériaux et traitements nouveaux et inédits.	**ORGANISMES SYNTHÉTIQUES** *Les organismes génétiquement modifiés et les processus biologiques créent de nouveaux matériaux et médicaments.*	*Possibilité d'utilisation d'armes ou de mauvaise utilisation accidentelle. Impacts environnementaux inconnus.*
Rendre productives les terres stériles ou appauvries. Atténuer les menaces d'origine humaine et naturelle qui pèsent sur l'environnement.	**RESTAURATION ENVIRONNEMENTALE** *L'intervention écologique à grande échelle, par le biais de la biotechnologie, de la reforestation ou de l'ingénierie océanique, crée, manipule ou sauve les environnements endommagés.*	*Des conséquences involontaires, potentiellement mondiales, sur l'environnement ou la santé publi*
Capacité pratiquement illimitée de stockage de données à long terme.	**STOCKAGE DE DONNÉES BASÉ SUR L'ADN** *ADN utilisé pour coder et stocker des données.*	*Potentiel accru de suivi social à long terme.*
Une plus grande variété d'aliments moins chers et plus nutritifs, créés avec un impact environnemental plus faible.	**LA TRANSFORMATION DE L'AGRICULTURE ET DE LA PRODUCTION ALIMENTAIRE** *Les processus de production de précision automatisés et les systèmes intégrés de culture et d'élevage utilisent des organismes génétiquement modifiés.*	*Réduction de la biodiversité, tensions sociales sur la modification génétique, perturbations de la main-d'œuvre et de la chaîne d'approvisionnement.*

LES NOUVELLES TECHNOLOGIES ALIMENTENT LE COMMERCE SPATIAL ET SUSCITENT LA CONCURRENCE

En 2040, le paysage spatial combinera les technologies émergentes et le progrès des compétences actuelles pour favoriser la commercialisation et l'introduction de nouvelles applications. Les services, tels que les communications, de navigation et d'imagerie par satellite, deviendront omniprésents et offriront des capacités améliorées, des coûts réduits et une efficacité accrue. Les efforts des acteurs gouvernementaux et commerciaux créeront de nouveaux domaines de concurrence dans l'espace, notamment entre les États-Unis et la Chine.

L'exploration spatiale s'étend

D'ici 2040, un nombre croissant de pays participera à l'exploration spatiale dans le cadre d'efforts de coopération internationale. Ce faisant, ces pays acquerront un prestige national, des possibilités de progrès scientifique et technique et des avantages économiques potentiels. Même si les gouvernements resteront les principales sources de financement des activités d'exploration spatiale à grande échelle, le rôle des entités commerciales va s'étendre de manière spectaculaire dans la plupart des aspects des activités spatiales. Les efforts commerciaux coexisteront, et coopéreront probablement, avec les programmes spatiaux financés par les gouvernements, à l'avancement des technologies spatiales.

La Chine en tant que puissance spatiale

D'ici 2040, la Chine sera le plus grand rival des États-Unis dans l'espace, avec une concurrence sur les fronts commercial, civil et militaire. La Chine continuera à poursuivre un développement de la technologie spatiale indépendant de celui des États-Unis et de l'Union européenne, et bénéficiera de ses propres partenaires étrangers pour participer à ses activités dans l'espace. Les services spatiaux chinois, tels que le système de navigation par satellite Beidou, seront utilisés dans le monde entier comme une alternative aux options occidentales.

L'espace au service des besoins gouvernementaux et militaires

Des services spatiaux améliorés et de nouvelles technologies seront disponibles pour des applications militaires et civiles. Les biens spatiaux nationaux seront particulièrement convoités, car les gouvernements restent préoccupés par la possibilité que les services spatiaux commerciaux ou ceux des gouvernements étrangers soient refusés en cas de conflit.

Les activités en orbite deviennent routinières

D'ici à 2040, les gouvernements mèneront probablement des activités courantes d'entretien, d'assemblage et de fabrication en orbite, rendues possibles par l'autonomie avancée et la fabrication additive, afin de soutenir les systèmes spatiaux nationaux et les efforts internationaux. Les entreprises commerciales offriront probablement des services en orbite, tels que la réparation, l'étude à distance, la relocalisation, le ravitaillement et l'enlèvement des débris. Les services en orbite seront utilisés pour la mise à niveau des satellites, et la prolongation de leur durée de vie fonctionnelle, et permettront de nouveaux types de structures spatiales, comme des instruments extrêmement grands ou complexes, mais ils pourraient avoir besoin du soutien des gouvernements pour établir leur industrie.

L'IA va dans l'espace

L'IA permettra une utilisation innovante des services spatiaux en contribuant à l'exploitation de grandes constellations de satellites et aux capacités de connaissance de la situation spatiale. L'IA soutiendra également la fusion et l'analyse d'énormes volumes de données de haute qualité collectées en continu, en partie grâce à des systèmes spatiaux et terrestres hyperconnectés.

L'hyperconnectivité unit et divise des sociétés

D'ici 2040, le monde comptera bien plus d'appareils, de données et d'interactions, reliant tous les aspects de la vie moderne et franchissant les frontières politiques et sociétales. La vitesse croissante et l'accès mondial permettront aux nations, aux entreprises et même aux particuliers de bénéficier de services et de ressources autrefois limités aux pays prospères. Ce monde hyperconnecté commence déjà à se dessiner ; les réseaux de nouvelle génération, les capteurs persistants et une myriade de technologies vont fusionner en un système mondial comportant des milliards de dispositifs connectés. Les caméras de surveillance omniprésentes d'aujourd'hui, par exemple, donneront naissance aux villes intelligentes de demain, où des capteurs optiques et autres s'associent à l'intelligence artificielle pour surveiller les personnes, les véhicules et les infrastructures à l'échelle mondiale.

Selon certaines estimations, l'actuelle connectivité, annonçant un avenir hyperconnecté, atteindra 64 milliards d'objets d'ici 2025, contre 10 milliards en 2018 – tous surveillés en temps réel. À l'avenir, un monde hyperconnecté, aux réseaux encore plus rapides, pourrait prendre en charge jusqu'à 1 million de dispositifs par kilomètre carré avec les systèmes de téléphonie cellulaire de la prochaine génération (5G), contre 60 000 dispositifs possibles avec les réseaux cellulaires actuels. Les capteurs deviendront omniprésents ; plus de 20 milliards de dispositifs étaient opérationnels en 2020, et avec les nouveaux réseaux terrestres, combinés à une augmentation de la capacité des réseaux spatiaux, on prévoit que des centaines de milliards et, à terme, des billions de dispositifs seront connectés au niveau mondial.

Changement sociétal accéléré. La vie privée et l'anonymat pourraient effectivement disparaître par choix ou par mandat gouvernemental, car tous les aspects de la vie personnelle et professionnelle sont suivis à la trace par les réseaux mondiaux. Les médias en temps réel pourraient encore déformer la vérité et la réalité, déstabilisant les sociétés à une échelle et à une vitesse qui éclipsent les défis actuels de la désinformation. De nombreux types de crimes, en particulier ceux qui peuvent être suivis et élucidés grâce à la surveillance numérique, deviendront moins courants, tandis que de nouveaux crimes, et potentiellement de nouvelles formes de discrimination, pourraient apparaître.

Nouveaux paradigmes en matière de cybersécurité. Il est presque certain que la connectivité accrue augmentera la vulnérabilité des individus, des institutions et des gouvernements connectés, car la présence de centaines de milliards de dispositifs connectés accroît considérablement la surface d'attaque cyber-physique. En outre, l'application de la cybersécurité fondée sur les frontières géographiques risque de perdre de sa pertinence dans un réseau de plus en plus international.

IMPLICATIONS PLUS LARGES DE L'ÉVOLUTION TECHNOLOGIQUE

Les technologies émergentes améliorent rapidement un large éventail de savoir-faire et de compétences humaines, mais, du moins à court terme, ces mêmes technologies risquent de perturber les systèmes et les dynamiques sociétales de longue date, obligeant les individus, les communautés et les gouvernements à s'adapter et à trouver de nouvelles façons de vivre, de travailler et de gérer. Certains prospéreront tandis que d'autres seront confrontés à des obstacles, des inégalités et des déséquilibres croissants. Les technologies émergentes ne sont pas les seules responsables des évolutions suivantes, mais elles sont susceptibles de les aggraver et de les amplifier.

Résoudre les problèmes rapidement. Comme l'a montré l'effort mondial de développement du vaccin contre le Covid-19, les technologies – souvent intégrées dans le cadre d'un programme de recherche et de développement – peuvent être détournées de leur application première pour répondre à un besoin en période de crise. La recherche qui a permis le développement rapide et sans précédent de vaccins efficaces contre le Covid-19 repose sur des décennies d'investissements nationaux dans les sciences de la santé. De même, des problèmes qui se posent depuis des décennies, comme le changement climatique, peuvent être atténués en rassemblant des séries de solutions technologiques qui traitent chacune un élément d'un problème beaucoup plus vaste.

La technologie comme pouvoir géopolitique. La technologie est un outil de puissance nationale que les

États-Unis ont longtemps dominé grâce à leurs investissements dans la recherche, l'innovation et le développement. Au cours des prochaines décennies, la concurrence mondiale pour les éléments essentiels de la suprématie technologique, tels que les talents, les connaissances et les marchés, s'intensifiera, ce qui pourrait donner naissance à de nouvelles hégémonies technologiques dans les années 2030. La complexité des chaînes d'approvisionnement internationales, la diffusion mondiale de l'innovation et les investissements des rivaux géopolitiques pourraient entraver davantage l'utilisation unilatérale de la technologie par les nations pour atteindre leurs objectifs. Les conditions sont réunies pour une plus grande coopération internationale, mais aussi pour de nouveaux types de concurrence et de conflits multiformes qui définiraient l'ère à venir.

Aggravation des tensions sociales. Le rythme de l'évolution technologique pourrait accroître les tensions sociales entre ceux qui ont l'accès, la capacité et la volonté de s'adapter et ceux qui ne peuvent ou ne veulent pas changer. Avec la diffusion et l'adoption rapides des technologies, certains individus, communautés et pays accompliraient des progrès rapides tandis que d'autres resteraient à la traîne avec peu d'espoir de les rattraper, exacerbant ainsi les inégalités au sein des États et entre eux. L'adoption de la technologie pourrait également outrepasser l'éthique et la réglementation, créant une anxiété sociale et des divisions politiques persistantes et potentiellement corrosives. Ces tensions seraient exacerbées par l'utilisation de messages fabriqués ou ciblés par l'IA, tels que les *deepfakes*.

Les relations entre le gouvernement et les entreprises se compliquent. Les partenariats public-privé en matière d'investissement, de recherche et de développement ont été essentiels à la réalisation de nombreuses percées et avantages technologiques, mais les intérêts fondamentaux des entreprises et des États ne sont pas naturellement alignés. Les grandes entreprises technologiques disposent de plus en plus de ressources, d'une portée et d'une influence qui rivalisent avec celles de certains États, voire les surpassent. Les intérêts nationaux, qui consistent à maintenir le contrôle et l'avantage technologiques ainsi qu'à protéger la sécurité nationale, peuvent être en contradiction avec les intérêts des entreprises, qui cherchent à étendre leur part de marché mondial et à augmenter leurs profits.

Perturbation des industries et des emplois. Le rythme de l'évolution technologique, notamment les développements dans la fabrication avancée, l'IA et la biotechnologie, peut accélérer les perturbations de la fabrication et des chaînes d'approvisionnement mondiales, en éliminant certains modes de production et emplois et en rapprochant les chaînes d'approvisionnement des marchés. Le déplacement des chaînes d'approvisionnement affecterait de manière disproportionnée les économies les moins avancées, tandis que de nombreux nouveaux emplois auront besoin de travailleurs aux compétences renforcées ou renouvelées.

Une gouvernance accrue, menace pour la liberté et la vie privée. L'avenir saturé de technologies et hyperconnecté offrira aux dirigeants et gouvernements de nouveaux outils pour surveiller leurs populations, ce qui permettra d'améliorer la prestation de services et la sécurité, mais accordera également de plus grands moyens de contrôle. Les mêmes technologies permettant aux citoyens de communiquer, de s'organiser et de surveiller leur santé fournissent des quantités croissantes de données aux gouvernements et au secteur privé. Les gouvernements, en particulier les régimes autoritaires, disposeront de capacités de surveillance sans précédent pour faire respecter les lois et assurer la sécurité, tout en suivant et en dépersonnalisant les citoyens et en ciblant potentiellement chaque individu.

Stimuler les débats sur l'ouverture. Les perspectives d'un monde hyperconnecté stimuleront les débats et les divisions au sein des États et entre eux sur les avantages et les risques des réseaux ouverts et connectés. À mesure que les réseaux sont de plus en plus interconnectés, maintenir un système séparé ou fermé deviendra plus difficile. Aussi, les entités désireuses de contrôler Internet se couperaient irrémédiablement de l'économie mondiale.

Risques existentiels. Les progrès technologiques augmenteront les menaces existentielles. Ces menaces porteront atteinte à la vie à l'échelle mondiale, perturberont notre capacité à comprendre leur portée et leur échelle. Il faudra mettre en place des stratégies résilientes afin d'y survivre. La technologie joue un rôle à la fois dans la création de ces risques existentiels et dans leur atténuation. Les risques pour l'Homme comprennent l'IA galopante, les pandémies artificielles, les armes nanotechnologiques ou la guerre nucléaire. Ces événements à faible probabilité et à fort impact sont difficiles à prévoir et coûteux à anticiper, mais l'identification des risques potentiels et l'élaboration préalable de stratégies d'atténuation peuvent apporter une certaine résilience aux chocs exogènes.

DYNAMIQUES ÉMERGENTES

Bien que les tendances démographiques, environnementales, économiques et technologiques posent les bases de notre avenir potentiel, l'histoire des vingt prochaines années sera écrite selon des choix faits sur le plan sociétal, gouvernemental et international. Les dynamiques émergentes à tous les niveaux laissent présager un débat et une contestation accrus. Les choix personnels et politiques détermineront la cohésion des sociétés, la résilience des États dans toutes les régions et les types d'interactions entre les États. Dans de nombreux pays, les populations restent pessimistes quant à l'avenir et se méfient de plus en plus des dirigeants et des institutions qu'ils jugent incapables ou peu désireux de faire face aux tendances économiques, technologiques et démographiques disruptives. En réaction, elles se tournent vers des groupes qui leur sont familiers et partagent les mêmes idées pour trouver une communauté et un sentiment de sécurité, notamment

vers les groupes ethniques, religieux et culturels
ainsi que les groupements soudés autour
des mêmes intérêts et causes.
Les communautés sont plus fragmentées
et en conflit. Un maelstrom de visions,
d'objectifs et de croyances contradictoires
impose des contraintes plus fortes
aux gouvernements.

Dans le même temps, les gouvernements sont soumis à des pressions croissantes et à un resserrement des sources de financement, et ils éprouvent des difficultés à relever les défis d'un monde interconnecté, technologiquement avancé et diversifié. Il en résulte un déséquilibre croissant entre les demandes du public et la capacité des gouvernements à assurer le bien-être et la sécurité, ce qui laisse présager une plus grande instabilité politique et des risques croissants pour la démocratie. Les besoins et les attentes non satisfaits entraînent l'apparition de tout un marché d'acteurs extérieurs prêts à fournir gouvernance, sécurité et service, comprenant les ONG, les groupes religieux, les corporations et les organisations criminelles. Les États qui s'adaptent aux défis croissants de la gouvernance seront probablement mieux placés pour rétablir la confiance et la légitimité.

Au cours des deux prochaines décennies, le pouvoir au sein du système international évoluera pour inclure un ensemble plus large de sources et de caractéristiques, comprenant un meilleur pouvoir technologique, de réseau et d'information, qui viendra compléter le pouvoir militaire et économique plus traditionnel. La rivalité entre les États-Unis et la Chine devrait définir les grands paramètres de l'environnement géopolitique au cours des prochaines décennies, obligeant les autres acteurs à faire des choix plus tranchés. Les États s'appuieront sur ces diverses sources de pouvoir pour se disputer les normes, les règles et les institutions mondiales. Les puissances régionales et les acteurs non étatiques exerceront une plus vive influence dans chaque région et prendront le dessus sur des questions laissées à l'écart par les grandes puissances. La concurrence accrue autour des règles et des normes internationales, associée à des avancées technologiques militaires non éprouvées, risque de saper le multilatéralisme mondial, d'accroître l'inadéquation entre les défis transnationaux et les dispositions institutionnelles mises en place pour les relever, et donc d'aiguiser le risque de conflit.

DYNAMIQUES ÉMERGENTES

Société : désillusionnée, informée et divisée

PRINCIPAUX POINTS À RETENIR

- Le ralentissement de la croissance économique et des progrès en matière de développement humain, associé à des changements sociétaux rapides, ont donné à de larges pans de la population mondiale un sentiment d'insécurité, d'incertitude concernant l'avenir et de méfiance à l'égard des institutions et des gouvernements qu'ils considèrent comme corrompus ou inefficaces.

- De nombreuses personnes se tournent vers des groupes qui leur sont familiers et qui partagent les mêmes idées pour trouver un sentiment de communauté et de sécurité, notamment des groupes ethniques, religieux et culturels ainsi que des regroupements centrés autour d'intérêts et de causes communes. Ces groupes sont plus importants et plus conflictuels, créant un maelstrom de visions, d'objectifs et de croyances contradictoires.

- La combinaison de nouvelles identités transnationales, de la résurgence d'allégeances établies et d'un environnement d'information cloisonné crée et met en évidence les lignes de faille au sein des États, tout en sapant le nationalisme civique et en augmentant l'instabilité.
- Dans toutes les régions, les populations disposent de plus en plus d'outils, de compétences et de motivations pour agir en faveur du changement social et politique et exiger des ressources, des services ainsi que la reconnaissance de leurs gouvernements.

Une croissance économique potentiellement plus lente dans les années à venir et des gains moindres en matière de développement humain dans de nombreux pays sont susceptibles d'exacerber la méfiance de certains membres du public à l'égard des institutions et des autorités.

PESSIMISME CROISSANT, CONFIANCE VACILLANTE

Les défis mondiaux et locaux, y compris les tensions économiques, les changements démographiques, les événements climatiques extrêmes et les changements technologiques rapides, renforcent le sentiment d'insécurité physique et sociale parmi une grande partie de la population mondiale. La pandémie de Covid-19 accentue ces défis économiques et sociaux. De nombreuses personnes, en particulier celles qui tirent moins de bénéfices que les autres de leur société, se montrent de plus en plus pessimistes quant à leurs propres perspectives, frustrées par les performances des gouvernements. Elles pensent que ces derniers favorisent les élites ou mènent de mauvaises politiques. La croissance économique et les améliorations rapides en matière de santé, d'éducation et de développement humain de ces dernières décennies ont commencé à se stabiliser dans certaines régions, et les populations sont sensibles à l'écart croissant entre les gagnants et les perdants de l'économie mondialisée, et cherchent à obtenir réparation de la part de leurs gouvernements. Environ 1,5 milliard de personnes ont accédé à la classe moyenne au cours des dernières décennies, mais certaines commencent à régresser, y compris dans les économies avancées.

Les sondages d'opinion publique ont montré à plusieurs reprises un pessimisme croissant concernant l'avenir dans tous les pays du monde, mais surtout dans les économies avancées et à revenus intermédiaires. Selon le baromètre de confiance Edelman 2020, la majorité des personnes interrogées dans 15 des 28 pays étudiés sont pessimistes au sujet de leur situation et de celle de leur famille dans cinq ans, soit une augmentation moyenne de 5 % par rapport à l'année précédente. Moins d'un quart des personnes interrogées en France, en Allemagne et au Japon, par exemple, pensent que leur situation se révélera meilleure en 2025. Dans les années à venir, ce pessimisme risque de se répandre dans les pays en développement dont la population jeune est importante mais dont les progrès en matière d'éradication de la pauvreté et de satisfaction des besoins de développement humain sont lents, notamment en Afrique subsaharienne.

Le ralentissement potentiel de la croissance économique dans les prochaines années et la diminution des progrès en matière de développement humain

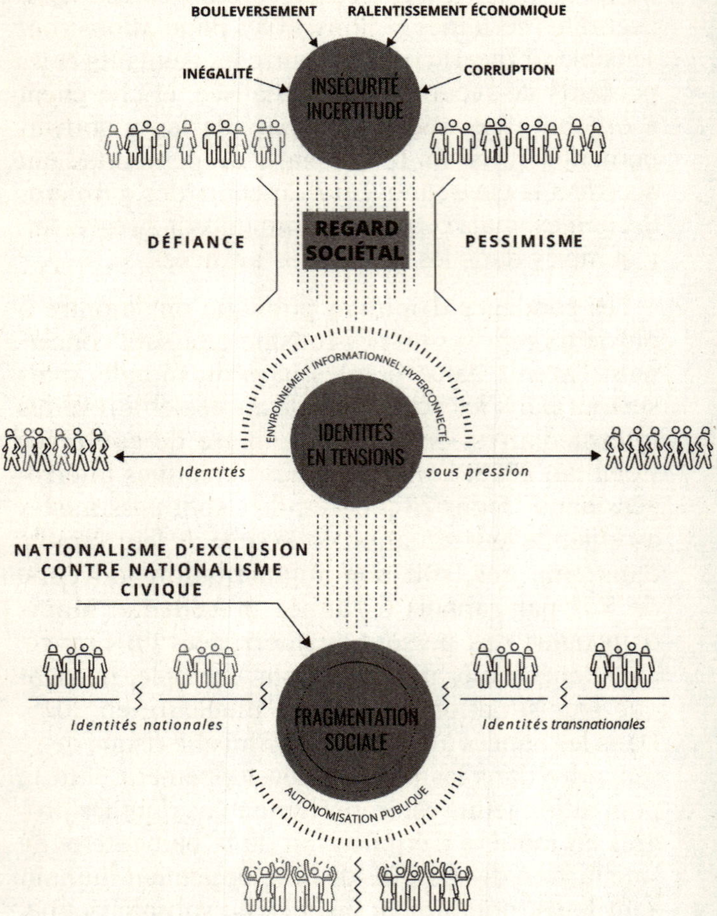
BOULEVERSEMENT
RALENTISSEMENT ÉCONOMIQUE
INÉGALITÉ
CORRUPTION
INSÉCURITÉ
INCERTITUDE
DÉFIANCE
REGARD
SOCIÉTAL
PESSIMISME
ENVIRONNEMENT INFORMATIONNEL HYPERCONNECTÉ
IDENTITÉS
EN TENSIONS
Identités
sous pression
NATIONALISME D'EXCLUSION
CONTRE NATIONALISME
CIVIQUE
FRAGMENTATION
SOCIALE
Identités nationales
Identités transnationales
AUTONOMISATION PUBLIQUE

dans de nombreux pays sont susceptibles d'exacerber la méfiance de certains membres du public à l'égard des institutions et des autorités officielles. La confiance dans les gouvernements et les institutions, qui dépend fortement des perceptions d'équité et d'efficacité, est constamment faible depuis dix ans, en particulier dans les pays à revenus moyens ou élevés. Dans une étude menée en 2020 par Edelman dans 16 pays développés, la part du grand public faisant confiance au gouvernement depuis 2012 n'a jamais dépassé 45 %, et, parmi les économies de l'Organisation de coopération et de développement économiques (OCDE), la confiance du public dans le gouvernement a chuté dans plus de la moitié des pays entre 2006 et 2016, selon un autre sondage d'opinion publique réalisé par Gallup. Sur les 11 pays divers analysés par Edelman pendant la pandémie de Covid-19, la confiance du public envers le gouvernement a augmenté en moyenne de 6 points de pourcentage entre janvier et mai 2020, puis elle a diminué en moyenne de 5 points de pourcentage entre mai 2020 et janvier 2021, les gouvernements n'ayant pas réussi à contenir le coronavirus.

La confiance ne se révèle pas uniforme dans toutes les sociétés. Au niveau mondial, la confiance dans les institutions parmi le public averti – défini comme les personnes ayant poursuivi des études supérieures, se situant dans les 25 % supérieurs des ménages ayant une forte consommation de médias – a augmenté ces vingt dernières années, tandis que plus de la moitié du grand public déclare que le « système » les laisse tomber. L'écart de confiance dans les institutions entre le public informé et le grand public a augmenté au cours de la dernière décennie, selon les enquêtes d'Edelman, affichant un écart de 5 points de pourcentage en 2012 et de 16 points dans le rapport 2021. De même, l'écart de confiance dans les entreprises a quadruplé au cours de cette période.

- L'augmentation des inégalités réelles ou perçues au sein des pays, en particulier dans ceux où la croissance économique globale est lente, coïncide souvent avec une baisse de la confiance et un mécontentement accru du public à l'égard du système politique. Dans les pays moins développés, la corruption sape la confiance des citoyens. Les individus ont tendance à faire plus confiance aux institutions informelles qu'aux gouvernements au sein desquels le pouvoir politique est concentré entre les mains d'une élite aisée. La corruption est aujourd'hui l'un des facteurs dominants à l'origine d'une volonté de changement politique. D'après le sondage réalisé en 2019 par Transparency International, une majorité de personnes interrogées en Amérique latine (53 %), au Moyen-Orient et en Afrique du Nord (65 %) et en Afrique subsaharienne (55 %) aurait déclaré que la corruption augmente dans leur région.

- Dans les années à venir, les progrès de l'intelligence artificielle (IA), de l'apprentissage automatique, de la 5G et d'autres technologies qui élargiront l'accès à Internet pourraient encore diminuer la confiance du public, car les gens auront du mal à déterminer ce qui est réel et ce qui relève de la rumeur ou de la manipulation. En outre, les populations craignent la surveillance exercée autant par les gouvernements que par les entreprises, qui cherchent à contrôler ou à tirer profit de leurs informations personnelles.

DES IDENTITÉS PLUS MARQUÉES

À mesure de l'érosion de la confiance dans les gouvernements, les élites et les autres institutions établies, les sociétés risquent de se fragmenter davantage en fonction des identités et des croyances. Dans toutes les régions, les individus se tournent vers des groupes qui leur sont familiers et partagent les mêmes idées pour trouver un sentiment de communauté et de sécurité, notamment des groupes identitaires culturels et infranationaux, mais aussi transnationaux. Les revendications et les affiliations identitaires prolifèrent et s'aggravent simultanément. En retour, cela conduit à rendre plus influents les groupes identitaires dans les processus sociétaux et politiques, mais cela génère aussi des divisions et des différends.

■ ÉCART DE CONFIANCE, 2012-2021

Écart de confiance moyen entre le public averti et le grand public dans quatre institutions clés : entreprises, médias, gouvernement et organisations non gouvernementales.

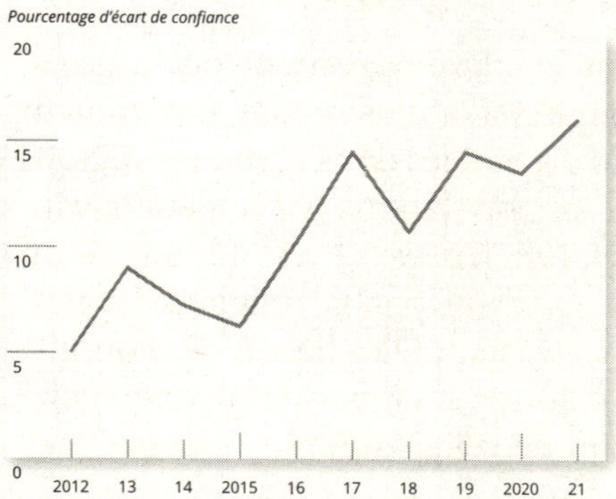

***Public averti :** Les 35-64 ans diplômés de l'enseignement supérieur qui se situent dans les 25 % les plus élevés des revenus du ménage et déclarent une consommation de médias et un engagement public significatifs.*

***Grand public** : Toute la population hors public averti.*

Source : Richard Edelman, « Twenty Years of Trust », 2020

De nombreuses personnes se tournent vers des marqueurs identitaires plus établis, tels que le regroupement ethnique et le nationalisme. Dans certains pays, le ralentissement de la croissance démographique, l'augmentation des migrations et d'autres changements démographiques intensifient les perceptions de vulnérabilité, notamment le sentiment de perte culturelle. De nombreuses personnes se sentant dépassées par les rapides changements sociaux et économiques s'indignent des violations des traditions ancestrales et ont l'impression que d'autres profitent du système à leurs dépens. Ces perceptions alimentent également les croyances selon lesquelles le changement écologique et social est nuisible et que certains dirigeants poursuivent des objectifs malavisés.

Parallèlement à l'importance croissante des groupes identitaires établis, la religion continue de jouer un rôle décisif dans la vie des gens, en déterminant ce qu'ils croient, ceux à qui ils font confiance, ceux avec qui ils se réunissent et la démonstration de leur engagement.

Dans les régions en développement où la croissance démographique est la plus rapide, notamment en Afrique, en Asie du Sud, et dans certaines régions d'Amérique latine, les populations participent davantage aux pratiques religieuses, ce qui témoigne du sentiment d'utilité procuré par la religion. La perception de menaces existentielles liées à des conflits, des maladies ou d'autres facteurs contribue également à des niveaux de religiosité plus élevés.

De nombreuses personnes mettent l'accent et s'organisent autour de différents aspects de leur identité, notamment l'origine ethnique, le sexe et l'orientation sexuelle, ainsi qu'autour de causes et de problèmes, comme le changement climatique et la liberté de religion. Les forces de la mondialisation, notamment la mobilité, l'urbanisation et la connectivité accrues, sensibilisent et mettent en avant un large éventail de communautés qui transcendent les frontières nationales et permettent aux gens de s'organiser plus facilement autour de valeurs et d'intérêts communs. Ces identités jouent un rôle plus important au sein des pays et entre eux, car les groupes s'efforcent d'obtenir une reconnaissance et des objectifs spécifiques. Par exemple, une vaste coalition mondiale a fait pression avec succès pour l'acceptation publique et la protection juridique de l'homosexualité dans le monde entier, notamment en organisant des campagnes en ligne et des événements publics même dans des pays socialement conservateurs, comme l'Iran. Entre 2013 et 2019, le pourcentage de personnes défendant l'idée que l'homosexualité devrait être acceptée dans la société a augmenté dans 21 pays sur 27, selon le Pew Research Center, et 30 pays ont légalisé le mariage homosexuel depuis 1989.

... Et en conflit

L'expansion et l'importance croissante des groupes identitaires réclamant une reconnaissance et des droits exacerbent le débat sur les fondements sociaux et économiques de nos sociétés. L'intensification et la concurrence des dynamiques identitaires provoqueront des débats, des polarisations politiques croissantes, des divisions sociétales et, dans certains cas, des troubles et violences.

• L'augmentation du nombre d'immigrants, de réfugiés et de travailleurs invités dans de nombreux pays, tels que les pays à revenus intermédiaires

■ Engagement religieux à travers le monde : prières et richesses

Les données révèlent une corrélation inverse entre la religiosité, mesurée par le pourcentage d'adultes qui déclarent prier quotidiennement, et le PIB par habitant.

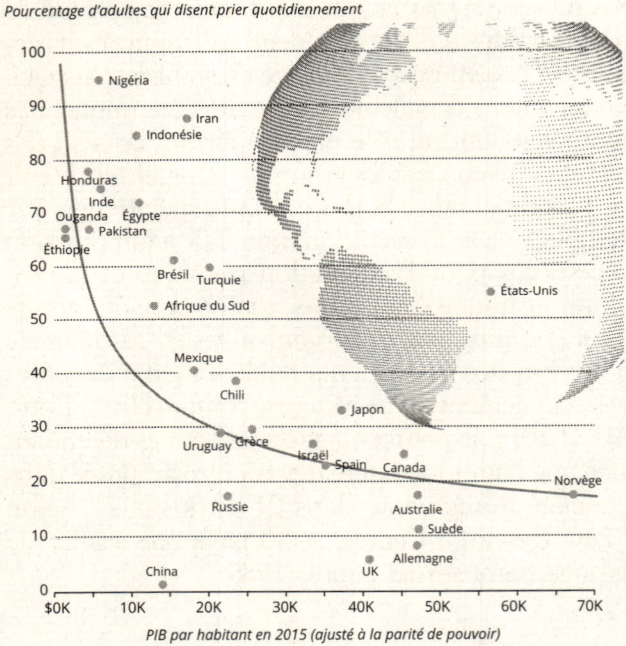

Source : Pew Research Center surveys 2008-2017

d'Europe centrale et du Sud-Est, suscite des débats passionnés sur l'identité nationale et la citoyenneté et conduit à l'émergence de partis politiques nationalistes ethniques, à une plus grande désaffection pour les politiques assimilationnistes et à un déclin du soutien aux migrants dans le monde.

• La reconnaissance et le soutien croissants des droits des LGBTQ suscitent des réactions dans des pays aux quatre coins du monde, comme le

Brésil, l'Iran, le Nigeria et la Pologne, où certains considèrent ces mouvements comme un affront à leurs croyances profondes et une atteinte à leur société. Dans certains pays, les dirigeants politiques et religieux prônent l'adoption de lois restreignant les droits des LGBTQ et criminalisant l'homosexualité.

• Dans la plupart des pays, les progrès en matière d'égalité des sexes ont été substantiels, notamment concernant l'amélioration de l'éducation, des soins de santé, des possibilités d'emploi et des rôles de direction, mais même dans les démocraties de longue date le ressentiment et le déni demeurent. Le mouvement mondial #MeToo a mis en lumière l'ampleur du harcèlement sexuel et des agressions sexuelles qui se produisent dans le monde entier. Cependant, plusieurs pays, comme la Hongrie et la Russie, ont réduit les mesures de protection des femmes, notamment en décriminalisant la violence domestique et sexuelle.

L'ENVIRONNEMENT DE L'INFORMATION : CONNECTER, CONFONDRE ET DIVISER

La croissance exponentielle de l'environnement d'information hyperconcentré renforcera et compliquera l'allégeance identitaire et la dynamique sociétale. Les médias sociaux, en particulier, permettent d'entrer plus facilement en contact avec des personnes du monde entier qui partagent caractéristiques, opinions et croyances communes. De plus, les réseaux sociaux créent des chambres d'écho aux utilisateurs partageant les mêmes idées, relayant des informations qui confirment leur vision du monde et limitent leur compréhension d'autres perspectives.

Au fil du temps, cette dynamique accroît la sensibilisation et crée de nouveaux liens entre des groupes auparavant isolés, tout en polarisant les perceptions des individus sur la politique, les institutions publiques, les événements, les questions morales et les tendances sociétales. Cette polarisation entraînera une prolifération de points de vue concurrents et bien ancrés, ce qui limitera les possibilités de compromis et réduira la cohésion de la société.

Au cours des vingt prochaines années, les algorithmes et les réseaux sociaux qui conservent et distillent des quantités massives de données produiront un contenu qui prendra le dessus sur les effets politiques et sociaux engendrés par un environnement d'information hyperconnecté. Le pouvoir sera exercé par ceux qui génèrent le contenu et par ceux qui décident des personnes pouvant y accéder. Les réseaux sociaux renforceront les groupes identitaires ou favoriseront des regroupements nouveaux et inattendus. Ils accéléreront et amplifieront les tendances naturelles à s'associer des personnes partageant les mêmes opinions, ce qui favorisera souvent des visions concurrentes de la vérité sur une question donnée. Les plateformes permettront aux leaders d'opinion concurrents – y compris ceux issus de groupes marginalisés – de publier plus facilement leurs points de vue et de débattre entre eux. D'où une meilleure cohésion et des messages plus « attractifs » commercialement. Cet effet est amplifié par le fait que les individus s'appuient sur leurs propres communautés identitaires pour obtenir des informations et se reposent sur le savoir des autres.

Les populations utiliseront également des facteurs socio-identitaires tels que la culture, l'appartenance ethnique, la nationalité et la religion comme filtres essentiels pour trier la surcharge d'informations. D'où une fragmentation des identités nationales et une perte de confiance envers les gouvernements. Ces identités procurent un sentiment d'appartenance et renforcent les normes sur la façon dont les membres du groupe doivent se comporter, la confiance qu'on peut leur accorder et les croyances sur des questions complexes. La violence fondée sur l'identité, y compris les crimes haineux et politiques, sera amplifiée par les réseaux sociaux. En Inde, ces réseaux ont pris une ampleur incroyable et diffusent de fausses informations partout sur Internet. Par exemple, la propagation sur les réseaux de rumeurs à propos de l'abattage présumé de vaches ou de la possession de viande de bœuf par des musulmans a conduit au lynchage de musulmans par des « justiciers des vaches ».

Le grand public dépendra de plus en plus de ses geôliers – les médias d'information, les réseaux sociaux et les figures d'autorité et de confiance – pour distinguer la vérité de la fiction. Cependant, les efforts visant à arbitrer les contenus controversés, comme le marquage ou la suppression d'affirmations manifestement fausses, ont peu de chances d'être efficaces pour modifier les croyances et les valeurs liées à l'identité d'une personne. Les croyances identitaires ont tendance

■ CROISSANCE DE LA COMMUNICATION NUMÉRIQUE MOBILE

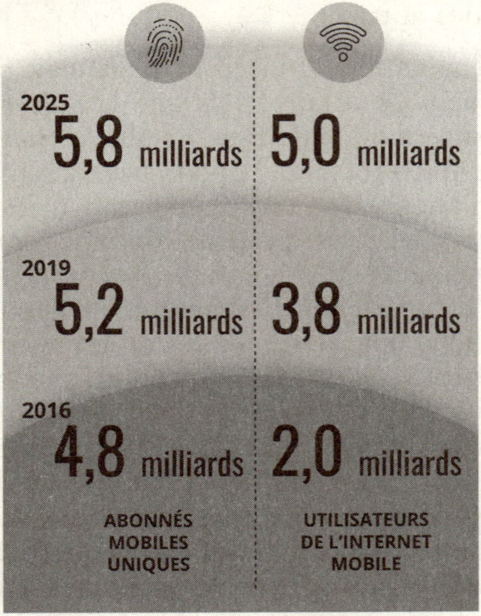

Source : Global System for Mobile Communications Association

à éclipser la recherche de la vérité en raison du besoin impérieux d'appartenance, de statut, de compréhension du monde social, de dignité et de justification morale.

LES IDENTITÉS NATIONALES SOUS TENSION

Dans certains pays, la contestation communautaire remet en question les conceptions de l'identité nationale qui, historiquement, ont été une source de cohésion de l'État et de la cause nationale. Dans son ensemble, le nationalisme a gagné en force, mais dans certains cas des formes de nationalisme d'exclusion s'intensifient et affaiblissent les idéaux du nationalisme civique. Les sociétés ethniquement et culturellement diverses rencontreront ce type de problème. Les formes de nationalisme d'exclusion ont pris de l'ampleur dans de nombreuses régions, notamment celles qui connaissent des changements démographiques, dont la croissance économique est lente ou stagnante et dont les habitants craignent de perdre leur statut spécial.

• Certains dirigeants et régimes attisent le nationalisme d'exclusion pour promouvoir leur régime et leurs politiques. En Birmanie, par exemple, l'arrêt de la transition démocratique au cours de la dernière décennie et la pauvreté dans tout le pays ont accru l'insécurité, ce qui a renforcé le nationalisme bouddhiste et a favorisé les sentiments antimusulmans, voire la violence. De même, les dirigeants chinois ont exploité un nationalisme répandu, souvent xénophobe, afin d'obtenir un soutien pour des politiques telles qu'une position agressive de la Chine dans les conflits territoriaux.

• Dans d'autres cas, l'insécurité culturelle et économique découlant de la mondialisation a alimenté les forces nationalistes. Par exemple, les partisans britanniques du Brexit ont mis en avant ce qu'ils reprochaient depuis longtemps à l'Union européenne, mais la plupart des sondages indiquent que l'inquiétude liée à la migration était un facteur clé du vote en faveur du Brexit. La crise des migrants en 2015 a également provoqué une poussée des forces nationalistes dans plusieurs autres pays européens, dont la France, l'Allemagne et les Pays-Bas, où les populations majoritaires craignent le changement culturel et la concurrence économique.

• Certains régimes gouvernementaux cherchent à utiliser des thèmes religieux et ethniques dans d'autres pays pour mobiliser le soutien populaire étranger en faveur de leurs objectifs de politique étrangère. Les tentatives de l'Inde d'exporter le nationalisme hindou, l'effort de la Turquie pour mobiliser la diaspora turque en Europe afin d'amplifier son influence, et le soutien de la Russie aux minorités orthodoxes russes en dehors du pays montrent la façon dont les dirigeants exploitent la question identitaire pour atteindre leurs objectifs de politique étrangère.

DES PUBLICS PLUS AUTONOMES ET PLUS EXIGEANTS

Au cours des dernières décennies, les progrès économiques constants et l'accès à la technologie ont permis aux populations de toutes les régions de disposer des ressources, du temps et des outils nécessaires pour traduire leurs besoins et leurs intérêts en actions et faire participer les responsables et les autres élites avec plus d'intensité, de fréquence et d'efficacité. Les populations des économies avancées sont déjà bien positionnées, et celles des pays en voie de développement sont de mieux en mieux équipées pour agir en faveur du changement. Par exemple, la classe moyenne chinoise, définie comme les personnes gagnant entre 10 et 110 dollars par jour, a connu une croissance rapide, passant de 3,1 % de la population en 2000 à 52,1 % en 2018 – soit environ 686 millions de personnes qui sont mieux placées pour exiger des avancées de leur gouvernement.

• Dans la plupart des pays du monde, les populations sont devenues plus prospères et éduquées au cours des dernières décennies, et la diminution de l'inquiétude quant aux besoins immédiats a favorisé l'élargissement du champ de conscience et des ambitions des individus. Grâce à une plus grande prospérité, les populations bénéficieront de plus de temps libre, mais auront également des attentes plus élevées et un meilleur accès aux outils de participation. D'où une inquiétude croissante de perdre ce qu'elles ont obtenu, et une hausse de la participation politique au cours des deux prochaines décennies.

• En outre, la croissance des populations urbaines sera plus prononcée dans les régions du monde en développement qui fournissent encore peu de services et sont majoritairement jeunes, notamment en Afrique et en Asie du Sud. L'urbanisation crée des populations concentrées avec des intérêts et des griefs partagés – les ingrédients de base pour alimenter des mouvements sociaux susceptibles de se transformer rapidement en manifestations.

• La prolifération des technologies de communication permet de prendre conscience en temps réel des tendances et des événements internationaux sur le terrain et d'offrir aux populations les outils pour organiser et diffuser leurs messages. Entre 2014 et 2020, le nombre d'internautes dans le monde est passé de 3 milliards à 4,54 milliards. La pénétration de l'Internet mobile devrait passer de 49 % en 2019 à 60,5 % à l'échelle mondiale en 2025. On estime que 800 millions de personnes supplémentaires commenceront à utiliser les réseaux sociaux au cours des cinq prochaines années, contre 3,6 milliards de personnes en 2020.

Les populations sont mieux équipées et connectées. Aussi, leurs réclamations auprès de leurs gouvernements s'amplifieront dans toutes les régions du monde. Alors que leurs attentes sont plus élevées, variées, contradictoires et difficiles à traiter, les conditions y sont moins favorables. Ces demandes concerneront probablement des questions économiques, politiques et sociales, et divers groupes feront pression pour obtenir des politiques contraires, comme la protection des industries clés ou la réduction des émissions de gaz à effet de serre. Même dans les pays dotés de démocraties solides, les populations exprimeront leurs doléances via des manifestations de masse, appelleront à des boycotts, à la désobéissance civile, voire à la violence, si l'on en croit l'augmentation des manifestations publiques au cours de la dernière décennie. Dans la même perspective, les réseaux sociaux seront les moyens principaux de faire entendre des voix dissidentes dans les pays autoritaires. Le mécontentement prendra donc des formes diverses et ne cessera pas de se renforcer, avec des répercussions importantes sur la cohésion sociale.

DYNAMIQUES ÉMERGENTES

L'État : tensions, turbulences et transformations

PRINCIPAUX POINTS À RETENIR

- Les gouvernements de toutes les régions seront confrontés à des pressions croissantes dues aux contraintes économiques, à un ensemble de défis démographiques, environnementaux et autres. Pendant ce temps, les populations, habilitées à faire valoir des objectifs et des priorités contradictoires, exigeront davantage.
- Les relations entre les sociétés et leurs gouvernements risquent de connaître des tensions persistantes en raison d'un décalage croissant entre l'attente des publics et l'offre concrète des gouvernements. Cet écart grandissant laisse présager une plus forte instabilité politique, des risques pour la démocratie et un rôle croissant pour les sources de gouvernance alternatives.
- Le mécontentement accru de la population, s'il est accompagné d'une crise majeure et dirigé

par des leaders inspirés, pourrait susciter des changements ou transformations significatives dans la manière de gouverner.

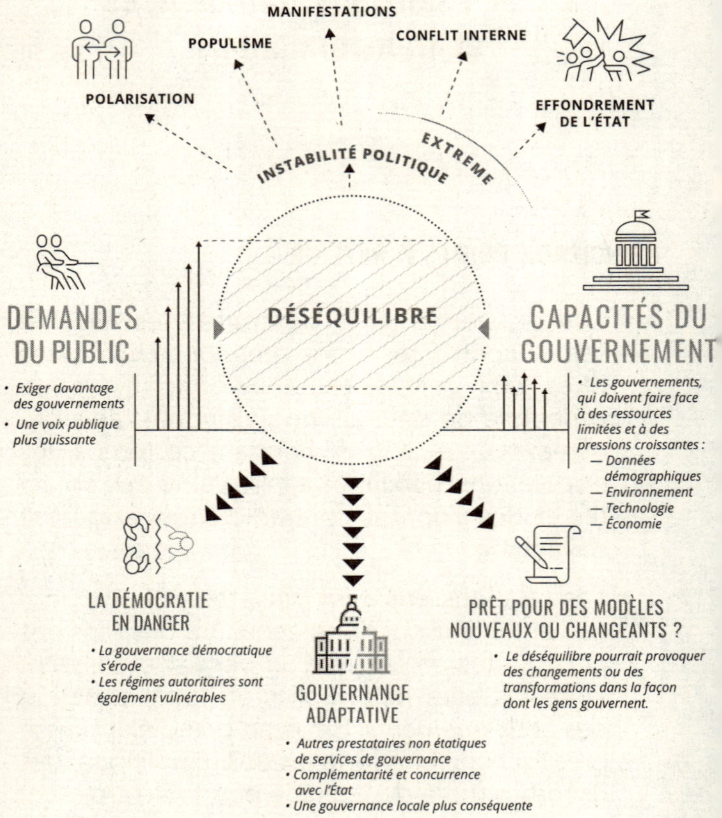

Alors que les populations font de plus en plus entendre leur voix, les gouvernements seront soumis à une pression croissante due aux contraintes économiques, à un ensemble de défis démographiques, environnementaux et autres.

INADÉQUATION CROISSANTE ENTRE LES DEMANDES DU PUBLIC ET LES CAPACITÉS DU GOUVERNEMENT

Au cours des deux prochaines décennies, les relations entre les États et leurs sociétés dans toutes les régions du monde connaîtront des tensions persistantes en raison d'un décalage accru entre les besoins ou les attentes des populations et l'offre possible ou voulue des gouvernements. Dans de nombreux pays, les populations dont les attentes ont été exacerbées par la prospérité passée seront confrontées à des tensions et à des perturbations plus vives en raison du ralentissement de la croissance économique, de l'incertitude des perspectives d'emploi et de l'évolution démographique. Ces populations seront également mieux équipées pour défendre leurs intérêts après des décennies d'améliorations constantes en matière d'éducation et d'accès aux technologies de la communication, ainsi qu'une plus grande cohérence des groupes qui partagent les mêmes idées. En dépit de la faible confiance du grand public envers les institutions gouvernementales, les populations continueront à considérer l'État comme responsable de la résolution de leurs problèmes et détenteur des solutions.

Alors que les populations font de plus en plus entendre leur voix, les gouvernements seront soumis à une pression croissante due aux contraintes économiques et à un ensemble de défis démographiques, environnementaux et autres. Individuellement et collectivement, ces pressions mettront à l'épreuve les capacités et la résilience des États, épuiseront les budgets et rendront la gouvernance encore plus complexe.

Démographie et développement humain. De nombreux pays rencontreront des difficultés à poursuivre, voire à maintenir, leur progression en terme de développement humain, en raison des répercussions de la pandémie en cours, du ralentissement de la croissance économique mondiale, des conséquences des conflits et du changement climatique, et des mesures difficiles à prendre pour atteindre des objectifs de développement plus élevés. Parallèlement, qu'ils soient jeunes ou vieillissants, tous les pays seront confrontés à des défis démographiques. Les migrations exacerberont les questions d'identité, diviseront les sociétés des pays d'accueil et alimenteront des conflits ethniques. L'urbanisation rapide, principalement en Afrique et en Asie, mettra à rude épreuve les gouvernements contraints de fournir des infrastructures, une sécurité et des ressources adéquates pour ces villes en expansion.

La réponse au changement climatique et à la dégradation de l'environnement sera un défi pour les gouvernements du monde entier. L'impact sera particulièrement aigu en Afrique, en Asie et au Moyen-Orient, où les gouvernements sont déjà faibles, stressés ou fragiles. Les pays riches seront également confrontés à des coûts environnementaux, voire à des catastrophes, qui mettront à l'épreuve la réactivité et les ressources des gouvernements, ce qui risque d'éroder davantage la confiance du public.

Contraintes économiques. Le ralentissement de la croissance économique en cours pèsera sur les ressources et les gouvernements, lesquels croulent déjà sous une dette d'une ampleur sans précédent. En outre, l'augmentation ou la persistance des inégalités au sein de nombreux États, associée à la corruption, menacera la confiance des citoyens envers le gouvernement, ainsi que la confiance mutuelle.

L'évolution technologique. Les gouvernements auront du mal à suivre le rythme de l'évolution technologique et à mettre en œuvre des politiques permettant de tirer parti des avantages et d'atténuer les risques et les perturbations. Les progrès technologiques autoriseront également les individus et les acteurs non étatiques à remettre en question le rôle de l'État de manière inédite.

Face à ces défis, les systèmes et modèles de gouvernance existants s'avèrent inadaptés pour répondre aux attentes des populations. Il en résulte un déséquilibre croissant entre les demandes du public et la capacité des gouvernements à offrir des réponses économiques et sécuritaires. Ce pessimisme public touche les gouvernements de droite, de gauche et du centre, les États démocratiques et autoritaires, les administrations populistes et technocratiques. Par exemple, en Amérique latine et dans les Caraïbes, les enquêtes d'opinion publique menées dans 18 pays ont montré une baisse significative de la satisfaction concernant les performances de la démocratie dans leur pays, passant d'une moyenne de 59 % des répondants en 2010 à 40 % en 2018. À mesure que les opinions publiques se montrent de plus en plus sceptiques à l'égard des gouvernements existants, ces derniers auront probablement du mal à se mettre d'accord avec leurs sociétés sur la manière de s'adapter ou de se transformer pour atteindre leurs objectifs, à savoir développer des opportunités économiques, lutter contre les inégalités, réduire la criminalité et la corruption.

La nature de ces défis et les réponses des gouvernements varieront selon les régions et les pays. En Asie du Sud, par exemple, le défi sera de coordonner un ralentissement de la croissance économique avec une main-d'œuvre en expansion, une grave dégradation de l'environnement, des changements climatiques et une polarisation croissante. Les pays européens seront confrontés à une dette grandissante, à une faible croissance de la productivité, au vieillissement et à la réduction de la main-d'œuvre, à un clivage rural/urbain, à une hausse des inégalités, à des fractures politiques et à des débats sur la politique écologique et fiscale au niveau national et européen. En Chine, la question centrale consiste à savoir si le Parti communiste peut garder le contrôle en assurant la croissance économique, la santé publique et la sécurité, tout en réprimant la dissidence. La classe moyenne chinoise, très nombreuse, est pour l'instant peu active ; un ralentissement économique pourrait changer la donne.

De nombreux États resteront figés dans un déséquilibre précaire, avec des populations mécontentes du système existant mais incapables de s'entendre sur une voie à suivre. Il y a dix ans, le printemps arabe a mis en lumière les graves lacunes des systèmes politiques dominants. Cependant, dans la plupart des pays de la région, le nouveau contrat social doit encore voir le jour. À l'instar du Moyen-Orient, d'autres régions pourraient se retrouver embarquées dans un processus long et tumultueux, en partie à cause d'une perte de confiance des citoyens dans la capacité des institutions gouvernementales à résoudre leurs problèmes.

Même si les États améliorent la sécurité et le bien-être dans l'ensemble, ces gains et ces opportunités peuvent être répartis de manière inégale, alimentant le mécontentement dans des sociétés apparemment plus prospères. Par exemple, de 2000 à 2018, les pays de l'OCDE ont connu une croissance globale de l'emploi, mais les emplois étaient polarisés entre hauts et bas salaires, de nombreux emplois étaient précaires, et la croissance de l'emploi variait considérablement selon les régions et les groupes démographiques.

HAUSSE DE L'INSTABILITÉ POLITIQUE

Dans les années à venir, cette inadéquation entre les capacités des gouvernements et les attentes des citoyens risque de s'étendre et d'entraîner une plus grande instabilité politique. On s'attend à voir une division de la société, une hausse du populisme, des vagues d'activisme et de protestation et, dans les cas les plus extrêmes, de la violence, des conflits internes, voire l'effondrement de certains États. Les États réagiront en fonction de leurs aptitudes, de leur idéologie et des antécédents de mobilisation. Ces réponses détermineront quand et comment le mécontentement public se traduira par une instabilité politique dans un pays donné.

Polarisation et populisme. La polarisation selon des lignes ethniques, religieuses et idéologiques devrait rester forte, car les dirigeants politiques et les groupes organisés font pression sur des questions économiques, sociales, identitaires, internationales et de gouvernance. Dans certains pays, cette polarisation est susceptible d'accroître et de renforcer les dysfonctionnements et les blocages politiques mais aussi d'augmenter l'instabilité. Une fois établie, une forte polarisation est difficile à inverser. Le mécontentement de l'opinion publique à l'égard des politiques dominantes qui ne parviennent pas à répondre aux griefs économiques ou sociaux a également conduit à la montée du populisme au cours des dernières décennies – mesurée à la fois par le nombre de dirigeants populistes au pouvoir et par les parts de voix des partis populistes dans le monde. Bien que certains populistes ne parviennent pas à s'imposer, l'attrait de ce mouvement est susceptible de perdurer tant que l'insatisfaction, la polarisation et la fragmentation de l'information persistent. En outre, le populisme tend à se développer après des crises économiques ou des changements dans la composition ethnique ou religieuse d'une société à la suite de migrations.

Manifestations. Les manifestations antigouvernementales ont augmenté dans le monde entier depuis 2010, touchant tous les régimes. Bien qu'elles soient un indice de turbulence politique, elles peuvent aussi être un signe de santé démocratique, voire une force en faveur de la démocratisation et du changement politique. Le phénomène des manifestations est susceptible de persister par cycles et par vagues en raison de la nature durable des mécanismes sous-jacents : l'insatisfaction publique permanente, le désir de changement systémique, les réponses insuffisantes du gouvernement, la démocratisation de la technologie permettant d'organiser rapidement des manifestations.

Violence politique, conflits internes et effondrement de l'État. Au cours des deux prochaines décennies, l'instabilité accrue risque d'entraîner l'effondrement de l'ordre politique et de déclencher de la violence politique dans de nombreux pays, en particulier dans les pays en développement. Depuis 2020, selon une estimation de l'OCDE, 1,8 milliard de personnes, soit 23 % de la population mondiale, vivent dans des contextes fragiles caractérisés par une gouvernance, une sécurité, des conditions sociales, environnementales et économiques faibles. Ce nombre devrait atteindre 2,2 milliards, soit 26 % de la population mondiale, d'ici 2030.

Ces États sont principalement concentrés en Afrique subsaharienne, suivie par le Moyen-Orient et l'Afrique du Nord, l'Asie et l'Amérique latine. Ces régions devront composer avec l'augmentation de différents paramètres, notamment le changement climatique, l'insécurité alimentaire, des populations jeunes et croissantes (en Afrique) et une urbanisation rapide, qui exacerberont la fragilité des États. Les flambées de violence politique ou les conflits internes ne sont toutefois pas limités à ces États fragiles et sont susceptibles de se produire même dans des pays historiquement plus stables lorsque l'instabilité politique s'accentue.

LA DÉMOCRATIE SOUS PRESSION, LES RÉGIMES AUTORITAIRES ÉGALEMENT VULNÉRABLES

Ce climat politique instable crée de la vulnérabilité pour tous les types de gouvernements, des démocraties libérales établies aux systèmes autoritaires fermés. La capacité d'adaptation et la performance seront probablement des facteurs clés dans l'essor et le déclin des gouvernements démocratiques et autoritaires au cours des vingt prochaines années. Ceux qui réussiront à exploiter les nouvelles opportunités, à s'adapter aux pressions croissantes, à gérer la fragmentation sociale croissante et à assurer la sécurité et la prospérité économique de leurs populations préserveront ou renforceront leur légitimité. Ceux qui échoueront inspireront leurs concurrents ou bien le désir d'un modèle alternatif. Les démocraties auront également l'avantage de tirer leur légitimité de l'équité et de l'inclusivité de leurs systèmes politiques – des attributs plus difficiles à atteindre dans les systèmes autoritaires.

L'érosion de la démocratie

Les défis auxquels les gouvernements sont confrontés suggèrent que la tendance à l'érosion de la démocratie risque de se poursuivre au moins pendant la prochaine décennie, voire plus longtemps. Cette tendance s'est largement répandue, tant dans les démocraties libérales riches et établies que dans les démocraties partielles moins matures. Les caractéristiques démocratiques clés, notamment la liberté d'expression et de la presse, l'indépendance judiciaire et la protection des minorités, se détériorent dans le monde entier, certains pays glissant vers un autoritarisme accru. L'organisation non gouvernementale (ONG) de promotion de la démocratie Freedom House a indiqué que 2020 était la 15e année consécutive de déclin des droits politiques et des libertés civiles. Un autre organisme de mesure de la démocratie dans le monde, Varieties of Democracy, indique qu'en 2020 34 % de la population mondiale vivait dans des pays où la gouvernance démocratique était en déclin, contre 4 % dans des pays qui devenaient plus démocratiques.

Plusieurs forces internes et externes sont à l'origine de cette érosion démocratique. Dans certaines démocraties occidentales, la méfiance du public à l'égard des capacités et des politiques des partis et des élites en place, ainsi que l'inquiétude suscitée par les bouleversements économiques, les renversements de statut et l'immigration, ont favorisé la

■ DÉCLIN DE LA GOUVERNANCE DÉMOCRATIQUE DANS LE MONDE

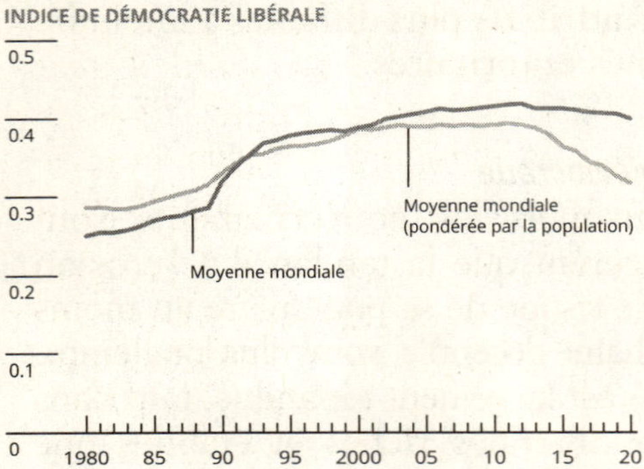

La vague de démocratisation qui a déferlé sur le monde après la fin de la guerre froide a atteint son point culminant, et les niveaux globaux de démocratie ont commencé à baisser ces dernières années.

montée en puissance de dirigeants peu libéraux qui sapent les normes et les institutions démocratiques ainsi que les libertés civiles. Dans les nouvelles démocraties – principalement dans le monde en développement – qui sont sorties d'un régime autoritaire au cours des années 1980 et 1990, un ensemble de facteurs a conduit à la stagnation ou au recul de la démocratie : la faible capacité de l'État, un État de droit fragile, un manque de tolérance à l'égard de l'opposition, de fortes inégalités, la corruption, une armée influente politiquement. Sur le plan extérieur, la Chine, la Russie et d'autres acteurs, de diverses manières, attaquent les démocraties et soutiennent les régimes illibéraux. Ce soutien comprend le partage de technologies et de savoir-faire pour la représentation numérique. En particulier, certains acteurs étrangers tentent de fragiliser la confiance du public dans les élections, menaçant ainsi la viabilité des systèmes démocratiques. Les acteurs internes et externes manipulent de plus en plus les informations numériques et diffusent de la désinformation pour façonner l'opinion publique et atteindre des objectifs politiques.

À l'avenir, de nombreuses démocraties risquent de s'éroder davantage, voire de s'effondrer. Une étude universitaire portant sur 75 démocraties ayant connu un déclin important depuis 1994 a révélé que 60 d'entre elles (soit 80 %) sont finalement devenues des autocraties. Toutefois, ce déclin n'est pas inexorable et il pourrait en fin de compte ne refléter qu'une mauvaise passe dans un long cycle qui a vu la démocratie progresser et reculer, avec une tendance générale au renforcement au cours du siècle dernier. La légitimité à long terme des systèmes démocratiques repose sur deux conditions générales : le maintien d'un processus politique juste, inclusif, équitable et l'obtention de résultats positifs pour les populations. Répondre aux préoccupations du public concernant la corruption, le monopole des élites et les inégalités peut contribuer à restaurer la confiance du public et à renforcer la légitimité institutionnelle. En outre, le fait de fournir des services efficaces, une stabilité économique et une sécurité personnelle – des avantages historiques pour les démocraties – accroît la satisfaction du public. Au-delà de ces repères fondamentaux en matière de gouvernance, faire preuve de résilience face aux nouveaux défis mondiaux contribuera à restaurer et à maintenir la confiance du peuple.

À long terme, l'avancée ou le recul de la démocratie dépendra en partie de l'équilibre des pouvoirs entre les grandes puissances. La concurrence géopolitique, y compris les efforts visant à influencer ou à soutenir les résultats politiques dans d'autres pays, le succès relatif de la croissance économique et des biens publics, ainsi que l'ampleur de la contestation idéologique entre le modèle démocratique occidental et le système technico-autoritaire chinois, détermineront les tendances démocratiques dans le monde.

Vulnérabilité des régimes autoritaires

Les régimes autoritaires seront confrontés aux mêmes risques que les démocraties, et beaucoup d'entre eux auront des difficultés pour s'y adapter, ce qui rend plus probable un changement soudain et violent de gouvernement après une période d'apparente stabilité. Bien que les régimes autoritaires – de la Chine au Moyen-Orient – aient fait preuve de résistance, ils présentent d'importantes faiblesses structurelles : une corruption généralisée, une dépendance excessive à l'égard des matières premières et des dirigeants personnalistes. Les manifestations publiques font peser des menaces croissantes sur les régimes autoritaires, renversant 10 régimes entre 2010 et 2017 ; 19 autres régimes ont été destitués lors d'élections, souvent organisées en réponse à des protestations de masse. La corruption était l'une des principales motivations de nombreuses manifestations, et les régimes autoritaires ont tendance à être plus corrompus que les démocraties. Ceux qui dépendent des matières premières pour financer leurs réseaux de mécènes et alimenter leur économie seront vulnérables aux fluctuations des prix, surtout si les transitions énergétiques font baisser le prix du pétrole. Les régimes autoritaires personnalistes – dans lesquels le pouvoir est concentré sur une seule personne ou un petit groupe – ont tendance à être les plus corrompus et les plus erratiques dans la prise de décision, les moins aptes à planifier leur succession, et les plus enclins à déclencher des guerres et à intensifier les conflits. Aujourd'hui, la forme la plus courante de régime autoritaire est personnaliste – passant de 23 % des dictatures en 1988 à 40 % en 2016. Et d'autres régimes, notamment en Chine et en Arabie saoudite, évoluent dans cette direction.

Pour tenter d'étouffer, de résister ou de répondre au mécontentement de la population, les régimes autoritaires utilisent des formes nouvelles et traditionnelles de coercition, de coopération et de légitimation. La technologie a contribué à rendre les régimes autoritaires plus durables ces dernières années, en partie parce que la numérisation et les technologies de communication rendent la surveillance plus omniprésente et moins coûteuse. Le revers de médaille de ces tendances technologiques est qu'elles ont donné aux populations les outils nécessaires pour contourner la répression numérique et mobiliser la dissidence. Outre la répression, les régimes s'appuieront sur la cooptation pour convaincre des alliés essentiels de rester fidèles, mais cette dynamique dépend de flux de ressources plus importants. De nombreux gouvernements autoritaires chercheront à asseoir la légitimité populaire par des performances gouvernementales efficaces et des idéologies convaincantes.

Grâce à la centralisation du pouvoir, certains régimes autoritaires ont apporté des réponses plus rapides et plus souples aux nouveaux défis. Mais, historiquement, les gouvernements autoritaires ont souffert d'un manque d'innovation dû à une mauvaise répartition des ressources. Les régimes autoritaires qui offrent des opportunités économiques et maintiennent la sécurité peuvent convaincre leur public que leur système est mieux adapté pour faire face à la complexité et à la rapidité du monde de demain.

DES APPROCHES ADAPTATIVES DE LA GOUVERNANCE : DAVANTAGE D'ACTEURS FOURNISSANT UN ÉVENTAIL PLUS LARGE DE SERVICES

Au fur et à mesure que les besoins et les attentes du public augmentent, il est probable que l'on s'oriente vers des approches adaptatives de la gouvernance, soit un recours à un ensemble plus large d'acteurs extérieurs aux institutions étatiques pour assurer le bien-être et la sécurité. Les acteurs non étatiques, notamment les entreprises du secteur privé, les ONG, les groupes de la société civile, les organisations religieuses et les réseaux d'insurgés et de criminels, assurent depuis longtemps la gouvernance dans tous les types d'États. Ces rôles sont susceptibles d'être étendus à un plus large éventail d'acteurs et de fonctions en raison d'une combinaison de facteurs, notamment : l'incapacité des États à fournir une gouvernance adéquate ; les ressources et la portée croissantes du secteur privé, des ONG et des individus à cause de la technologie ; la complexité et le nombre accru des défis de politique publique qui nécessitent la participation de multiples acteurs. Cette évolution est susceptible de produire des tensions et des difficultés croissantes au sein des États, comme en témoignent les régimes illibéraux qui répriment les organisations de la société civile ou les démocraties qui cherchent à réglementer les réseaux sociaux et les opérations de certains acteurs non étatiques.

Selon le contexte et l'activité, les acteurs non étatiques complètent, concurrencent et, dans certains cas, remplacent l'État. Le développement d'une gouvernance en dehors des institutions étatiques ne constitue pas nécessairement une menace pour les gouvernements centraux et ne diminue pas la qualité globale de la gouvernance pour la population. Les rôles et les relations entre les acteurs étatiques et non étatiques dépendront de leur capacité relative, de leur pénétration et de leur alignement sur les attentes de la population. Du Moyen-Orient à l'Afrique et à l'Amérique latine, les groupes d'insurgés et les organisations criminelles occupent une place de plus en plus importante dans la société. Ils comblent le déficit de gouvernance et exploitent parfois les gouvernements faibles pour étendre leur influence en fournissant des emplois et des services sociaux, des soins de santé et de l'éducation à la sécurité et au ramassage des ordures. Dans d'autres cas, notamment en Afrique, des ONG internationales, dont certaines ont une base religieuse, renforcent le rôle de l'État en fournissant des services de santé et d'éducation. Pendant la pandémie de Covid-19, de nombreux exemples de gouvernance adaptative sont apparus. Les entreprises, les organisations philanthropiques, les sociétés technologiques et les institutions de recherche et d'enseignement ont travaillé de concert avec les gouvernements pour réaliser des percées à une vitesse record. Ailleurs, des organisations de la société civile ont comblé les lacunes des réponses gouvernementales en fournissant des services de secours et d'aide sociale. Le rôle des acteurs non étatiques dans la gouvernance ne se limite pas à la fourniture de services ; par exemple, les entreprises technologiques exercent un pouvoir considérable en contrôlant les flux et les réseaux d'information, ce qui leur permet de façonner le discours politique.

L'INNOVATION DANS LA GOUVERNANCE

Les États et les acteurs non étatiques chercheront des moyens de s'adapter aux problèmes de gouvernance croissants, en expérimentant de nouveaux outils et techniques pour assurer la sécurité et le bien-être, qui pourraient à leur tour être adoptés dans le monde entier. Bien que les tendances en matière d'innovation dans le domaine de la gouvernance soient difficiles à discerner ou à prévoir, l'un des domaines d'innovation les plus évidents sera le développement et la mise en œuvre d'une stratégie pour améliorer la vitesse, l'efficacité et la précision de la gouvernance.

- Les gouvernements du monde entier ont davantage utilisé la technologie pour la prestation de services et l'engagement des citoyens au cours des deux dernières décennies. Alors que les pays les plus compétents en matière de gouvernance numérique sont des pays à revenus élevés, la tendance générale s'étend à l'ensemble des régions du monde.

■ UTILISATION DE LA TECHNOLOGIE NUMÉRIQUE PAR LE GOUVERNEMENT

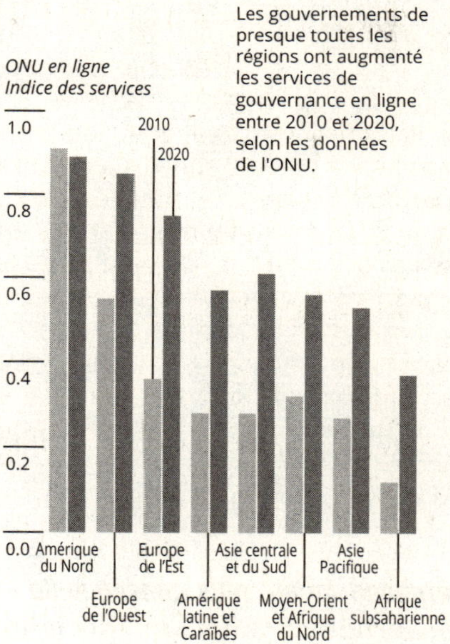

- La disponibilité croissante de données sur tous les aspects de la vie des gens – couplée à l'intelligence artificielle (IA) et à la technologie pour l'analyser – rend les gouvernements plus agiles pour diriger les services et assurer la sécurité. Il s'agit d'une arme à double tranchant : la surveillance basée sur l'IA qui permet aux gouvernements de réduire la criminalité leur permet également de contrôler et de réprimer leurs populations.
- Compte tenu des rôles des secteurs public et privé dans le développement et l'application des technologies, les innovations clés sont susceptibles

d'impliquer à la fois des acteurs étatiques et non étatiques. Par exemple, l'avènement des paiements et des systèmes bancaires mobiles en Afrique a permis aux gouvernements de mettre en œuvre des transferts en espèces et de payer les employés de manière plus efficace et plus fiable.

- Une fois établies, les approches de gouvernance innovantes sont susceptibles de se répandre dans le monde entier. Par exemple, les technologies de surveillance basées sur l'IA qui ont proliféré sur l'ensemble du globe – adoptées par au moins 74 pays en 2018 – sont fournies par des entreprises chinoises et occidentales. De même, les modèles à succès gagnent rapidement des adeptes : au moins 40 pays ont mis en œuvre des transferts d'espèces comme outil de développement, une stratégie inspirée en partie par le succès du programme Bolsa Familia au Brésil dans les années 2000 pour réduire la pauvreté.

Une gouvernance locale plus conséquente

Les gouvernements locaux deviendront des sources importantes d'innovation en matière de gouvernance. En effet, ils présentent l'avantage d'être proches des problèmes de leurs administrés, d'être légitimes, de rendre des comptes et d'avoir la souplesse nécessaire pour personnaliser les réponses. Ils sont également moins partisans. Les villes et les gouvernements infranationaux ont une plus grande capacité que les gouvernements nationaux à créer et à diriger des réseaux multisectoriels impliquant différents niveaux de pouvoir, le secteur privé et la société civile. Ces partenariats ont contribué à revitaliser certaines anciennes villes industrielles de l'Ouest. Les autorités locales et municipales – de plus en plus organisées en réseaux – prendront des mesures sur des questions internationales telles que le changement climatique et les migrations, devançant dans certains cas les gouvernements nationaux. À mesure que la population des zones urbaines augmente et que celles-ci deviennent des centres d'activité économique, de technologie et d'innovation, ces gouvernements locaux vont gagner en influence sur les gouvernements nationaux. Même dans les régimes autoritaires, la gouvernance locale peut être source de problèmes, mais avec des contraintes différentes.

Comme les gouvernements nationaux, les gouvernements locaux doivent faire face à des contraintes budgétaires, en particulier après la crise du Covid-19. Les villes du monde en développement seront confrontées à d'importants déficits de financement pour le développement des infrastructures et l'adaptation au changement climatique. En outre, l'urbanisation exacerbera les clivages sociétaux entre les villes et les campagnes, tandis que le rôle croissant de la gouvernance locale et municipale fragilisera la cohérence des politiques lorsque les stratégies locales et nationales de résolution des problèmes divergeront.

PRÊTS POUR DES MODÈLES NOUVEAUX OU CHANGEANTS ?

La combinaison d'un mécontentement public généralisé et de crises majeures pourrait créer des conditions propices à des changements ou à des transformations significatives des modèles, des idéologies ou des modes de gouvernance. Historiquement, les changements idéologiques profonds ont souvent eu lieu dans des moments de crise, à la suite d'une guerre majeure ou d'un effondrement économique, car les individus sont alors disposés à adopter des changements systémiques audacieux pour résoudre des problèmes globaux. Cependant, l'émergence d'une nouvelle idéologie ou d'un nouveau système d'unification – à l'échelle du communisme ou du libéralisme économique – est rare. D'autres facteurs de stress, tels qu'une nouvelle pandémie ou une catastrophe environnementale majeure, souligneront les lacunes des gouvernements et produiront des conditions propices à l'émergence de nouveaux modèles ou de modèles alternatifs si les dysfonctionnements se maintiennent.

Le mécontentement généralisé et les crises majeures sont probablement des facteurs qui encouragent les transformations, mais ils ne suffisent pas. Transformer le mécontentement en quelque chose de nouveau nécessite également la combinaison d'un leadership inspirant avec des idées ou une idéologie convaincantes pour construire des coalitions politiques. À défaut d'une nouvelle idéologie, de nouvelles approches – ou même des combinaisons de systèmes inédites – apparaîtront, de la gouvernance centralisée à la gouvernance localisée, d'un rôle étatique fort à un rôle non étatique fort, de la démocratie à l'autoritarisme, de la laïcité à la religion, ou du nationalisme à l'internationalisme. Ces changements ou transformations entraîneront une contestation inévitable entre les groupes conservateurs et les groupes innovateurs.

La nature précise de ces changements, transformations ou nouveaux modèles est incertaine et difficile à prévoir. Parmi les résultats possibles, on peut citer : l'émergence des villes ou des régions infranationales au cœur de la gouvernance si les populations considèrent que les gouvernements locaux sont davantage dignes de confiance et capables de résoudre les problèmes que les gouvernements nationaux ; le secteur privé et d'autres acteurs non étatiques supplanteront et remplaceront les gouvernements dans les domaines de l'assistance sociale et de la sécurité ; la renaissance de la démocratie, si elle s'adapte aux défis mondiaux à venir ; ou la tentation de la vague autoritaire, partiellement inspirée du modèle de capitalisme autoritaire chinois fondé sur la technologie. En outre, de nouveaux modèles ou idéologies de gouvernance, qui n'ont pas encore été envisagés ou identifiés, pourraient émerger et s'imposer.

DYNAMIQUES ÉMERGENTES

International : contestations, incertitudes et conflits

PRINCIPAUX POINTS À RETENIR

- Au cours des deux prochaines décennies, le pouvoir évoluera au sein du système international pour inclure un ensemble plus large de sources et de caractéristiques, avec notamment un pouvoir technologique, de réseau et d'information en expansion, venant compléter le pouvoir militaire, économique et culturel plus traditionnel. Aucun État ne sera probablement en mesure de dominer toutes les régions ou tous les domaines, ce qui permettra à un plus grand nombre d'acteurs de défendre leurs intérêts.

- Les États-Unis et la Chine auront la plus vive influence sur les dynamiques mondiales, en soutenant des visions concurrentes du système international et de la gouvernance qui reflètent leurs intérêts fondamentaux et leurs idéologies.

Cette rivalité affectera la plupart des domaines, mettant à rude épreuve et remodelant dans certains cas les alliances existantes, les organisations internationales et les normes et règles qui étayent l'ordre international.

- Dans cet environnement mondial plus compétitif, les risques de conflit entre États seront démultipliés, en raison des avancées technologiques, d'un nombre croissant de cibles et de nouvelles frontières, de la plus grande variété d'acteurs, de l'affaiblissement des moyens de dissuasion et du manque de traités et de règles.

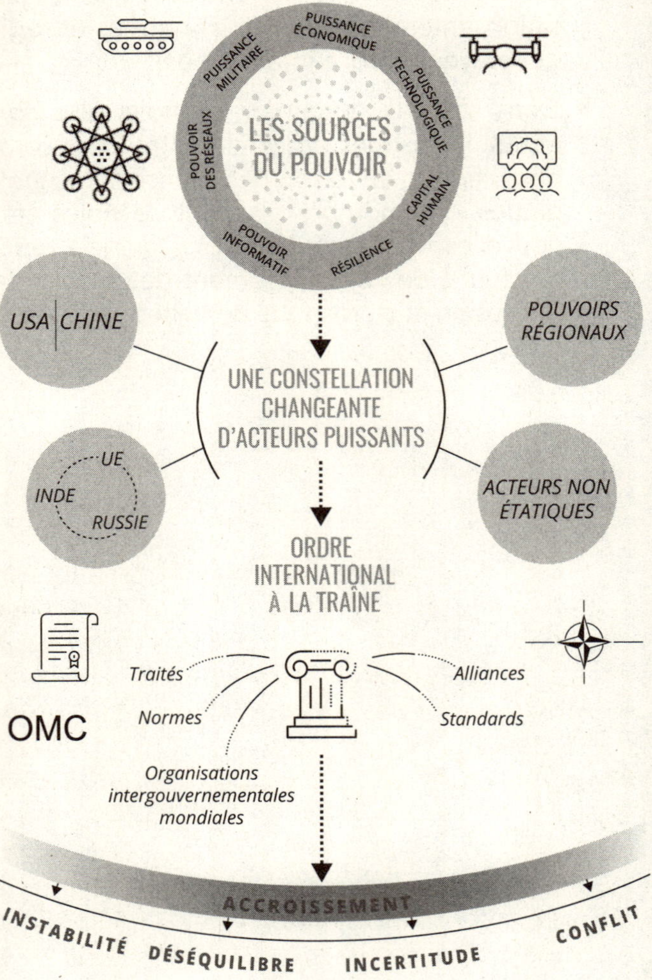

PUISSANCE ÉCONOMIQUE
PUISSANCE TECHNOLOGIQUE
CAPITAL HUMAIN
RÉSILIENCE
POUVOIR INFORMATIF
POUVOIR DES RÉSEAUX
PUISSANCE MILITAIRE
LES SOURCES DU POUVOIR
USA CHINE
UE
INDE
RUSSIE
UNE CONSTELLATION CHANGEANTE D'ACTEURS PUISSANTS
POUVOIRS RÉGIONAUX
ACTEURS NON ÉTATIQUES
ORDRE INTERNATIONAL À LA TRAÎNE
OMC
Traités
Normes
Organisations intergouvernementales mondiales
Alliances
Standards
ACCROISSEMENT
INSTABILITÉ
DÉSÉQUILIBRE
INCERTITUDE
CONFLIT

Ces dynamiques de pouvoir vont créer un environnement géopolitique instable et conflictuel, redéfinissant le multilatéralisme et creusant un fossé entre les défis transnationaux et les accords de coopération visant à les relever.

Au cours des deux prochaines décennies, l'intensité de la concurrence pour l'influence mondiale devrait atteindre son plus haut niveau depuis la guerre froide. Aucun État ne sera probablement en mesure de dominer toutes les régions ou tous les domaines, et un plus grand nombre d'acteurs se feront concurrence pour imposer leur idéologie, leurs objectifs et leurs intérêts. L'expansion de la technologie, des réseaux et de l'information viendra s'ajouter aux aspects traditionnels de la puissance militaire, économique et diplomatique du système international. Ces éléments de pouvoir seront accessibles à un plus large nombre d'acteurs et concentrés entre les mains de ceux qui développent ces technologies.

Ces dynamiques de pouvoir vont créer un environnement géopolitique plus instable et conflictuel, redéfinissant le multilatéralisme et creusant l'écart entre les défis transnationaux et les accords de coopération destinés à les résoudre. Des puissances rivales lutteront pour façonner les normes, les règles et les institutions mondiales. Les États-Unis, leurs alliés de longue date et la Chine auront la plus grande influence sur la dynamique mondiale, en soutenant des visions concurrentes du système international et de la gouvernance qui reflètent leurs intérêts fondamentaux et leurs idéologies. Leur rivalité affectera la plupart des domaines, mettant à rude épreuve et, dans certains cas, remodelant les alliances existantes et les organisations internationales qui ont déréglé l'ordre international depuis des décennies.

L'accélération des changements de pouvoir, ainsi que le durcissement des différences idéologiques et des divisions sur les modèles de gouvernance, risquent de renforcer encore la concurrence. Il est toutefois peu probable que la rivalité ressemble à l'opposition américano-soviétique de la guerre froide, en raison de la plus grande variété d'acteurs qui peuvent influencer les résultats, de l'interdépendance dans divers domaines et de la diminution des lignes de partage idéologiques exclusives. L'absence d'une puissance prépondérante ou d'un consensus mondial sur certains domaines clés offrira à d'autres acteurs la possibilité de prendre l'initiative ou de poursuivre leurs propres intérêts, notamment dans leurs régions. L'Union européenne (UE), l'Inde, le Japon, la Russie et le Royaume-Uni joueront très probablement un rôle essentiel dans l'élaboration des résultats géopolitiques et économiques.

Cet environnement plus compétitif, dans lequel les technologies émergent rapidement, sera probablement plus instable, avec un risque accru de conflits, du moins jusqu'à ce que les États mettent en place de nouvelles règles, normes et limites dans les domaines de concurrence les plus disputés. Les États devront faire face à la combinaison d'armes conventionnelles et stratégiques précises et hautement destructrices, d'une cyber-activité ciblant les infrastructures civiles et militaires et d'un environnement de désinformation. Les acteurs régionaux, y compris les fauteurs de troubles tels que l'Iran et la Corée du Nord, se bousculeront pour faire avancer leurs objectifs et leurs intérêts, ce qui accroîtra l'instabilité et l'incertitude du système. Dans le même temps, les États pourraient avoir du mal à établir une dissuasion stable avec ces nouveaux systèmes, en particulier si les règles et les traités qui les régissent continuent de s'éroder ou prennent du retard.

L'ÉVOLUTION DES SOURCES ET DE LA COMPOSITION DU POUVOIR

Au cours des vingt prochaines années, les sources de pouvoir dans le système international s'étendront et seront redistribuées. La puissance matérielle – mesurée par la taille de l'économie, de l'armée et de la population d'une nation, ainsi que par son niveau de développement technologique – fournira les bases nécessaires à l'exercice du pouvoir, mais sera insuffisante pour garantir et maintenir des résultats favorables. Dans un monde encore plus hyperconnecté, la puissance se mesurera à l'aune de la technologie, du capital humain, de l'information et de la position au sein du réseau pour modifier et façonner le comportement des autres acteurs, notamment les États, les entreprises et les populations. L'attrait des divertissements, des sports, du tourisme et des institutions éducatives d'un pays restera également un facteur important de son influence. À mesure que les défis mondiaux, tels que les événements climatiques extrêmes et les crises humanitaires, s'intensifieront, la résilience nationale deviendra un élément crucial de la puissance nationale, tout comme la capacité et la volonté d'un État à aider d'autres pays. Les pays et acteurs non étatiques les plus efficaces dans la maîtrise et la coordination des moyens matériels et humains, dans la centralité de leurs réseaux, dans leur capacité de résilience auront l'influence la plus significative et la plus durable au niveau mondial.

Puissance matérielle. Les capacités militaires et la taille économique resteront déterminantes dans la puissance d'un État, obligeant les autres pays à prendre en compte les intérêts et les politiques de celui-ci. Ces deux domaines permettent aux États de maintenir leur sécurité et d'amasser des ressources qui rendent possibles d'autres marqueurs de puissance.

Puissance technologique. La technologie, en particulier militaire, restera au centre de la question de la sécurité et de l'influence mondiale de chaque pays. Mais, à l'avenir, l'intelligence artificielle (IA) de pointe, la biotechnologie et le processus décisionnel fondé sur les données offriront aux États toute une série d'avantages en matière d'économie, de croissance économique, de fabrication, de santé et de résilience de la société. Ces technologies permettront en premier lieu aux États et aux acteurs non étatiques de façonner les opinions et les décisions des populations, d'obtenir des avantages en matière d'information sur leurs concurrents et de mieux se préparer aux chocs futurs.

Le capital humain. Des données démographiques favorables, notamment une forte population en âge de travailler, une éducation de base universelle et une concentration de compétences en sciences, en ingénierie, en mathématiques et en pensée critique, constitueront de grands avantages pour l'innovation, le progrès technologique, la croissance économique et la résilience. Les régions ayant une forte population en âge de travailler, notamment en Amérique latine et en Asie du Sud, disposeront de nouvelles sources de force économique potentielle, si elles arrivent à améliorer l'éducation, les compétences et les infrastructures. Les sociétés vieillissantes d'Europe et d'Asie devront trouver des moyens d'augmenter leur main-d'œuvre pour éviter de voir cet élément de pouvoir s'affaiblir.

Réseaux et nœuds. Le contrôle des principaux sites d'échange, y compris les télécommunications, la finance, les flux de données et les chaînes d'approvisionnement manufacturières, donnera aux pays et aux entreprises la possibilité d'obtenir des informations précieuses, de refuser l'accès à leurs rivaux et même de leur imposer leur conduite. Nombre de ces réseaux, concentrés de manière disproportionnée aux États-Unis, en Europe et en Chine, se sont implantés sur plusieurs décennies et seront probablement difficiles à reconfigurer. Si les entreprises technologiques chinoises se partagent le pouvoir avec leurs homologues américaines ou européennes dans certaines régions ou si elles dominent les réseaux de télécommunications 5G mondiaux, Pékin pourrait exploiter sa position privilégiée pour accéder aux communications ou contrôler les flux de données. Exercer cette forme de pouvoir de manière coercitive risque toutefois de déclencher un retour de bâton de la part d'autres pays, et pourrait en diminuer l'efficacité au fil du temps.

Information et influence. Les idées et les discours convaincants peuvent façonner les attitudes et les priorités des autres acteurs du système international et légitimer l'exercice d'autres types de pouvoir. L'attractivité d'une société en matière de « *soft power* » (notamment sa culture, ses exportations de divertissement, ses sports, ses modes de vie et ses innovations technologiques) peut également imprégner l'imaginaire d'autres populations. Le tourisme et l'éducation à l'étranger – en particulier l'enseignement supérieur – peuvent faire grandir l'attractivité. De la diplomatie publique et des médias aux opérations d'influence plus secrètes, les technologies de l'information donneront aux gouvernements et aux autres acteurs des capacités sans précédent pour atteindre directement les publics et les élites étrangers afin d'influencer les opinions et les politiques. La Chine et la Russie essaieront probablement de continuer à cibler les populations des États-Unis et d'Europe, en promouvant des récits sur le déclin et les excès de l'Occident. Ces deux pays sont également susceptibles de se développer dans d'autres régions, par exemple en Afrique, où ils sont déjà actifs.

La résilience. Le monde étant de plus en plus interconnecté, les chocs systémiques deviennent plus fréquents et plus intenses, entraînant de nombreux effets de second ordre. Les gouvernements capables de résister aux chocs, de les gérer et de les surmonter, tout en bénéficiant d'une légitimité nationale, seront mieux à même de projeter leur puissance et leur influence à l'étranger. Le développement de la résilience dépend de la confiance au sein des sociétés et entre les populations et les dirigeants. Plus les sociétés se fracturent, plus la confiance s'érode.

PLUS D'ACTEURS AFFIRMANT LEUR AUTONOMIE

À mesure du développement et du déplacement à l'échelle globale des sources de pouvoir, les acteurs et leur rôle dans l'élaboration de la dynamique mondiale vont également changer. Aucun acteur ne sera en mesure de dominer toutes les régions et tous les domaines, ce qui offrira des opportunités à un plus grand nombre d'acteurs et accroîtra la concurrence dans tous les domaines. L'opposition croissante entre la Chine d'un côté et les États-Unis et ses proches alliés de l'autre engendrera probablement l'impact le plus large et le plus profond sur la dynamique mondiale, notamment sur le commerce et les flux d'informations, le rythme et la direction de l'évolution technologique, la probabilité et l'issue des conflits interétatiques et la durabilité environnementale. Selon les estimations les plus modestes, Pékin continuera de réaliser des avancées militaires, économiques et technologiques qui modifieront l'équilibre géopolitique, en particulier en Asie.

La Chine reconquiert son rôle de puissance mondiale

Au cours des deux prochaines décennies, la Chine cherchera à affirmer sa domination en Asie et à accroître son influence dans le monde, tout en essayant d'éviter ce qu'elle considère comme des responsabilités excessives dans des régions stratégiquement marginales. En Asie, la Chine attend de ses voisins qu'ils fassent preuve de retenue en matière de commerce, d'exploitation des ressources et de conflits territoriaux. La Chine déploiera des capacités militaires qui feront courir un risque accru aux forces américaines et alliées dans la région et elle continuera de faire pression sur les alliés et partenaires américains pour limiter l'accès aux bases américaines. Pékin exercera une pression sur ses voisins pour les rallier à sa cause tout en les menaçant en cas d'éventuelle opposition. Les dirigeants chinois prévoient un rapprochement avec Taïwan, voire une réunification, d'ici à 2040, par une coercition soutenue et intensive.

La Chine s'efforcera de consolider ses propres réseaux d'infrastructures physiques, ses plateformes logicielles et ses règles commerciales, en aiguisant les lignes de la concurrence techno-économique mondiale et en créant potentiellement des systèmes plus éclatés dans certaines régions. La Chine utilisera probablement ses programmes de développement axés sur l'infrastructure et la technologie pour rapprocher les pays et s'assurer que les élites s'alignent sur ses intérêts. Elle renforcera l'intégration économique avec ses partenaires du Moyen-Orient et de l'océan Indien. Elle étendra sa pénétration économique en Asie centrale et dans l'Arctique. Elle empêchera l'émergence de coalitions compensatoires. La Chine cherche à développer les exportations de technologies de surveillance intérieure sophistiquées afin de soutenir les gouvernements amis. Elle crée ainsi des opportunités commerciales, génère des données, et obtient un effet de levier sur les régimes clients. Elle utilisera probablement ses avancées technologiques pour mettre en place une formidable force militaire en Asie de l'Est et dans d'autres régions. Elle privilégiera des déploiements sur mesure – principalement sous la forme de bases navales – plutôt que les grands déploiements de troupes. Dans le même temps, Pékin cherchera probablement à conserver certains liens importants avec les réseaux américains et occidentaux, en particulier dans les domaines où l'interdépendance est plus grande, comme la finance et l'industrie.

La Chine jouera un rôle plus déterminant dans les réponses qui seront données aux défis mondiaux, à la mesure de sa puissance et de son influence croissantes. Pékin s'imposera également dans la hiérarchisation et l'élaboration de ces réponses en fonction de ses intérêts. La Chine se tournera vers d'autres pays pour compenser les coûts liés à des problèmes transnationaux, en partie parce que Pékin est confronté à des problèmes intérieurs croissants. Crises financières potentielles, vieillissement rapide de la population active, ralentissement de la croissance de la productivité, pressions environnementales et hausse du coût de la main-d'œuvre pourraient remettre en question le Parti communiste chinois et compromettre sa capacité à atteindre ses objectifs. La diplomatie agressive de la Chine et les violations des droits de l'homme, y compris la suppression des communautés musulmanes et chrétiennes, pourraient limiter son influence, en particulier son « *soft power* ».

Autres grandes puissances

D'autres grandes puissances, dont la Russie, l'UE, le Japon, le Royaume-Uni et, potentiellement, l'Inde, pourraient disposer d'une plus large marge de manœuvre pour exercer leur influence au cours des deux prochaines décennies. Elles joueront un rôle important dans le bilan géopolitique et économique ainsi que dans l'évolution des normes et des règles.

La **Russie** restera probablement une puissance perturbatrice pendant une grande partie ou la totalité des deux prochaines décennies, même si ses capacités matérielles diminuent par rapport à celles d'autres acteurs majeurs. Les avantages de la Russie, notamment son armée conventionnelle importante, ses armes de destruction massive, ses ressources énergétiques et minérales, sa géographie étendue et sa volonté d'utiliser la force à l'étranger, lui permettront de continuer à jouer le rôle de trouble-fête et d'intermédiaire de pouvoir dans l'espace post-soviétique, et parfois plus loin encore. Moscou continuera très probablement d'essayer d'amplifier les divisions à l'Ouest et de nouer des relations en Afrique, au Moyen-Orient et ailleurs. La Russie recherchera probablement des opportunités économiques et l'établissement d'une position militaire dominante dans l'Arctique, alors que de plus en plus de pays renforcent leur présence dans la région. Toutefois, avec son climat d'investissement médiocre, sa forte dépendance à l'égard de matières premières dont les prix sont potentiellement instables et sa petite économie – qui devrait représenter environ 2 % du PIB mondial pour l'année 2009 –, la Russie n'est pas en mesure d'atteindre ses objectifs. Au cours des deux prochaines décennies, elle pourrait avoir du mal à projeter et à maintenir son influence dans le monde. Le départ de Vladimir Poutine du pouvoir, soit à la fin de son mandat actuel en 2024, soit plus tard, pourrait éroder rapidement la position géopolitique de la Russie, surtout si une instabilité interne s'ensuit. De même, une diminution de la dépendance énergétique de l'Europe à l'égard de la Russie, que ce soit par le biais des énergies renouvelables ou par la diversification des fournisseurs de gaz, porterait atteinte aux revenus et à la capacité globale du pays, en particulier si ces diminutions ne sont pas compensées par des exportations vers des clients en Asie.

Le vaste marché de l'**UE** et son leadership de longue date en matière de normes internationales lui permettront de conserver une influence significative au cours des prochaines décennies, en particulier si elle parvient à empêcher le départ d'autres membres et à dégager un consensus sur une stratégie commune pour faire face à la concurrence mondiale et aux défis transnationaux. Le poids économique du marché unique de l'UE continuera à lui conférer une influence géopolitique mondiale sur le commerce, les sanctions, les réglementations technologiques et les politiques en matière d'environnement et d'investissement. Les pays extérieurs à l'UE calquent souvent leurs normes et réglementations sur les politiques européennes. La puissance militaire européenne est susceptible de ne pas répondre aux attentes de certains membres en raison de priorités concurrentes et d'un sous-investissement à long terme dans des compétences clés. Les dépenses de défense de l'Europe seront en concurrence avec d'autres priorités budgétaires post-Covid-19, et ses initiatives en matière de sécurité ont peu de chances de faire naître une force militaire distincte de l'Organisation du traité de l'Atlantique Nord, capable de se défendre contre la Russie.

Le **Royaume-Uni** devrait continuer à jouer les premiers rôles sur la scène internationale en raison de la solidité de son secteur militaire et financier et de son orientation mondiale. La capacité nucléaire du Royaume-Uni et son statut de membre permanent du Conseil de sécurité des Nations unies majorent son influence mondiale. La gestion des défis économiques et politiques posés par son départ de l'Union européenne constitue le défi majeur du pays. Un échec pourrait conduire à un éclatement du Royaume-Uni, réduit à se débattre pour conserver sa puissance mondiale.

Grâce à sa population très instruite, à son économie innovante sur le plan technologique et à sa position centrale dans les réseaux de commerce et d'approvisionnement, le **Japon** est en mesure de rester une puissance forte en Asie et au-delà. Il restera probablement très dépendant, sur le plan économique, de son principal partenaire commercial et grand rival régional, la Chine. Il restera aussi un proche allié des États-Unis, tout en s'efforçant de diversifier davantage ses relations économiques et de sécurité, notamment avec l'Australie, l'Inde, Taïwan et le Vietnam. Le Japon sera également confronté à des défis démographiques et macroéconomiques de plus en plus aigus, notamment une population active en baisse – la plus âgée de tous les pays développés –, des politiques d'immigration peu flexibles, une demande et une croissance économique faibles, une déflation, des taux d'épargne en baisse et une dette publique accrue.

La taille de la population de l'**Inde** – qui devrait devenir la plus importante au monde d'ici 2027 –, sa géographie, son arsenal stratégique et sa potentielle transition économique et technologique en font une puissance mondiale probable. Il reste à voir si New Delhi atteindra les objectifs de développement national qui lui permettront de projeter son influence au-delà de l'Asie du Sud. Face à la concurrence de la Chine et des États-Unis, l'Inde tentera de se tailler un rôle plus indépendant. Toutefois, elle pourrait avoir du mal à trouver un équilibre entre son engagement à long terme en faveur de l'autonomie stratégique vis-à-vis des puissances occidentales et la nécessité de s'intégrer plus profondément dans les architectures de sécurité multilatérales pour contrer la montée en puissance de la Chine. L'Inde est confrontée à de graves problèmes de gouvernance, de société, d'environnement et de défense qui limitent les investissements qu'elle peut faire dans le domaine militaire et les moyens diplomatiques nécessaires à une politique étrangère mondiale plus affirmée.

Les puissances régionales en quête d'une plus grande influence

Dans cet environnement concurrentiel, les puissances régionales, telles que l'Australie, le Brésil, l'Indonésie, l'Iran, le Nigeria, l'Arabie saoudite, la Turquie et les Émirats Arabes Unis, chercheront à tirer parti de nouvelles opportunités et à assumer des rôles précédemment remplis par une grande puissance pour consolider la stabilité régionale ou gagner en influence. Cette alliance de puissances régionales désireuses d'accroître leur rôle et leur influence évoluera au cours des deux prochaines décennies, en fonction des opportunités ainsi que de l'évolution des capacités et des objectifs des différents États. Les puissances régionales essaieront de faire jouer les grandes puissances les unes contre les autres afin de maximiser les gains tout en essayant d'éviter de se retrouver entraînées dans des conflits non désirés. Elles créeront leurs propres coalitions ou renforceront les blocs régionaux pour exercer une influence. Dans certains cas, elles se soutiendront face aux défis mondiaux, mais dans d'autres cas elles agiront de manière plus agressive dans les conflits de leur région. Surmonter les défis de la gouvernance nationale, se remettre rapidement de la pandémie de Covid-19 et d'autres chocs, gérer les relations avec les voisins constitueront des conditions cruciales pour convertir leurs principaux atouts en une influence accrue. Certains pays joueront un rôle capital dans la résolution des problèmes au niveau régional, notamment concernant les menaces pour la sécurité des acteurs non étatiques, le terrorisme, les migrations de masse et la confidentialité numérique.

Des acteurs non étatiques puissants et influents

Les acteurs non étatiques, tels que les ONG, les groupes religieux et les entreprises superstars de la technologie, auront les ressources et la portée mondiale nécessaires pour construire et promouvoir des réseaux alternatifs qui complètent, concurrencent ou éventuellement contournent les États. Au cours des dernières décennies, les acteurs non étatiques et les mouvements transnationaux ont utilisé les connexions internationales croissantes pour mener des actions collectives ou influencer les populations du monde entier. Dans certains cas, ces acteurs peuvent façonner ou limiter les actions de l'État en faisant pression sur les dirigeants et en mobilisant les citoyens. L'influence des acteurs non étatiques variera et sera soumise à l'intervention des gouvernements. La Chine, l'Union européenne et d'autres pays ont déjà pris des mesures pour réglementer ou démanteler les grandes entreprises, tandis que Pékin tente de contrôler ou de supprimer les ONG et les organisations religieuses. De nombreux acteurs non étatiques repousseront les efforts des États pour consolider leur souveraineté dans de nouveaux domaines, notamment l'espace et le cyberespace.

COMPÉTITION GÉOPOLITIQUE ET PROPAGANDE BASÉE SUR L'IA

La croissance de la connectivité numérique globale, de la technologie informatique immersive et des techniques de marketing numérique augmente le risque de mainmise informatique dans presque toutes les sociétés.

Les États comme les acteurs non étatiques seront sans doute capables d'utiliser ces outils pour influencer les populations, notamment via la manipulation cognitive et la polarisation sociale, afin de modifier la façon dont les gens perçoivent et interprètent une information, et la manière d'y réagir. Les pays comme la Chine et la Russie mettront sûrement en pratique ces innovations technologiques pour rendre leurs campagnes d'influence plus discrètes, plus difficiles à détecter et plus dures à combattre, tandis qu'ils chercheront à étendre leur contrôle sur les réseaux sociaux et les moyens de diffusion.

Les gouvernements et les acteurs non étatiques savent de mieux en mieux exploiter les données du comportement des consommateurs et envoyer des messages ciblés à une petite partie bien spécifique de la population. Les propagandistes pourraient se servir de l'IA, de la connectivité des objets et d'autres outils pour façonner un discours adapté à un public large, anticiper la réaction de celui-ci, et modifier ce discours quasiment en temps réel.

Les données massives comportementales, qui regroupent toutes les statistiques de la psychologie et des actions humaines, pourraient aussi offrir un important pouvoir de prédiction et une capacité d'influence personnalisée. Si des règles claires ne sont pas mises en place, les entreprises de relations publiques et les consultants politiques pourront régulièrement avoir recours à la désinformation, ce qui ne ferait qu'augmenter la méfiance du public à l'égard des institutions politiques.

UN ORDRE INTERNATIONAL CONTESTÉ ET EN PLEINE TRANSFORMATION

Alors que le pouvoir mondial continue de changer, bon nombre des relations, institutions et normes qui ont largement régi la politique internationale depuis la fin de la guerre froide seront confrontées à des défis croissants. La concurrence dans ces domaines est en hausse depuis des années, la Chine, la Russie et d'autres pays exigeant d'avoir davantage voix au chapitre. Les désaccords risquent de s'intensifier sur la mission et la conduite de ces institutions et alliances, suscitant des incertitudes quant à leur capacité à répondre aux problèmes habituels et émergents. Avec le temps, les États pourraient même abandonner certains aspects de cet ordre international.

Les puissances émergentes et révisionnistes, menées par la Chine et la Russie, cherchent à remodeler l'ordre international pour qu'il reflète davantage leurs intérêts et soit plus tolérant à l'égard de leurs systèmes de gouvernement. La Chine et la Russie continuent de plaider en faveur d'un ordre dépourvu de normes d'origine occidentale, qui leur permettrait d'agir en toute impunité sur leur territoire et dans leurs sphères d'influence. Ils défendent des visions alternatives du rôle de l'État et des droits de l'homme, et cherchent à faire reculer l'influence occidentale. Mais leurs modèles alternatifs diffèrent considérablement les uns des autres. La Russie promeut des valeurs traditionnelles et souhaite établir un protectorat sous sa domination, couvrant une grande partie de l'Eurasie. La Chine cherche à faire accepter par le monde entier son système social actuel – à savoir le monopole du Parti communiste chinois sur le pouvoir et le contrôle de la société –, son économie de marché socialiste et son système commercial préférentiel.

Une concurrence idéologique croissante

La rivalité multidimensionnelle, avec ses systèmes de gouvernance contrastés, ajoutera une dimension idéologique à la lutte pour le pouvoir. Bien qu'il soit peu probable que la compétition géopolitique en cours présente la même intensité idéologique que la guerre froide, les dirigeants chinois ont déjà le sentiment d'être engagés dans une lutte idéologique à long terme avec les États-Unis. Ces luttes se jouent le plus souvent dans les organisations internationales, les forums normatifs, les initiatives de développement régional et les discours de diplomatie publique.

Les gouvernements démocratiques occidentaux devront probablement faire face à une contestation plus affirmée de l'ordre politique occidental de la part de la Chine et de la Russie. Ces derniers pays n'ont pas confiance dans l'ordre international conçu pour et dominé par des puissances démocratiques, aussi ont-ils promu un ordre international fondé sur la souveraineté afin de protéger leur autorité absolue à l'intérieur de leurs frontières et de leurs zones géographiques d'influence. La Chine et la Russie considèrent l'espace des idées et des idéologies comme une opportunité de façonner la compétition sans avoir besoin d'utiliser la force militaire. La Russie cherche à susciter le cynisme parmi les étrangers, à diminuer la confiance dans les institutions, à promouvoir les théories du complot et à diviser les sociétés. À mesure que les pays et les acteurs non étatiques se disputent la suprématie idéologique et narrative, le contrôle des plateformes de communication numériques et des autres moyens de diffusion de l'information deviendra de plus en plus crucial.

Des relations confrontées à de plus grands compromis

Dans cet environnement géopolitique très compétitif, nombre de pays continueront d'avoir des relations diversifiées avec leurs homologues, en particulier sur le plan économique. Toutefois, au fil du temps, certains pays comme la Chine et la Russie feront des choix plus tranchés dans leurs relations internationales, notamment sur le plan politique, économique et sécuritaire. D'autres pays s'orienteront vers des accords et partenariats plus souples et plus adaptés à leurs besoins, afin de contrebalancer les problèmes de sécurité via le commerce et les intérêts économiques. Les alliances établies de longue date en Europe et en Asie sont fragilisées par des tensions croissantes dues à un vif sentiment d'insécurité, une méfiance quant à la fiabilité des partenaires et une forte pression économique. Cela dit, si la Chine et la Russie accentuent la pression sur leurs homologues à l'échelle internationale, elles favoriseront malgré elles le renforcement ou la création de nouvelles relations de sécurité entre les alliés démocratiques et de même sensibilité, permettant à ces derniers de mettre de côté leurs différences.

La Chine et la Russie éviteront probablement de s'allier formellement, aussi bien entre elles qu'avec la plupart des autres pays. Elles préféreront entretenir des relations commerciales avec les autres pays afin d'exercer une influence et d'utiliser de manière sélective la coercition économique et militaire tout en évitant les imbroglios de sécurité mutuelle. La Chine et la Russie resteront fortement alignées tant que Xi et Poutine seront au pouvoir, mais les désaccords sur l'Arctique et certaines parties de l'Asie centrale pourraient accroître les frictions à mesure de l'accentuation des disparités de pouvoir.

La contestation affaiblit les institutions

Bon nombre des organisations intergouvernementales mondiales qui ont soutenu l'ordre international occidental pendant des décennies, notamment l'ONU, la Banque mondiale et l'Organisation mondiale du commerce (OMC), sont freinées par des impasses politiques, une perte de pouvoir relative à l'aggravation des défis transnationaux, et la préférence croissante des pays en faveur des coalitions les plus adéquates pour elles et des organisations régionales. La plupart de ces organisations resteront des champs de bataille diplomatiques et seront vidées de leur substance ou mises à l'écart par des puissances rivales.

À l'avenir, il est probable que ces institutions mondiales continuent à manquer de compétences, d'adhésion des membres et de ressources suffisantes pour gérer efficacement les défis internationaux, notamment le changement climatique, les migrations et les crises économiques. Dans de nombreux cas, ces défis dépassent le mandat initial des institutions. Les difficultés budgétaires croissantes des membres pourraient se traduire par une diminution des contributions, tandis que les structures décisionnelles sclérosées et les intérêts déjà bien établis limiteront la capacité de réforme et d'adaptation des institutions. Ces institutions travailleront probablement avec – ou parallèlement à – des initiatives régionales et d'autres dispositifs de gouvernance. Cela concernera les épidémies d'Afrique subsaharienne, le financement des infrastructures en Asie, l'orientation de l'intelligence artificielle et de la biotechnologie. La direction et l'efficacité futures des organisations internationales établies dépendent de la volonté politique des membres de réformer et de doter les institutions de ressources mais aussi de la façon dont les puissances établies s'adaptent aux puissances montantes, notamment la Chine et l'Inde. À mesure que les États deviennent plus protectionnistes et que les blocs rivaux s'affrontent, l'OMC sera confrontée à une incertitude considérable au sujet de son rôle futur et de sa capacité à favoriser une plus grande coopération et un commerce ouvert. En revanche, le rôle unique du Fonds monétaire international (FMI), la forte demande de conditionnalité (l'ensemble des conditions exigées par les organisations économiques internationales en échange de prêts aux pays en développement) et d'aide à la restructuration de la dette lui conféreront une place centrale dans le système international, même si la croissance de la dette souveraine en dehors du champ d'action du FMI constituera un défi. De même, les accords et organisations multipartites qui réglementent les systèmes financiers, d'assurance ou techniques mondiaux, tels que les accords de Bâle et l'*Internet Engineering Task Force*, resteront probablement très demandés.

Le leadership occidental sur les organisations intergouvernementales pourrait encore décliner, car la Chine et la Russie font obstacle aux initiatives occidentales et poursuivent leurs propres objectifs. La Chine s'efforce de remodeler les institutions internationales existantes pour qu'elles reflètent ses objectifs en matière de développement et de gouvernance numérique, d'atténuer les critiques sur son non-respect des droits de l'homme et de favoriser les prêts aux infrastructures. Dans le même temps, elle met en place ses propres dispositifs alternatifs afin de stimuler le développement, le financement des infrastructures et l'intégration régionale. Par exemple : l'initiative de la « Nouvelle Route de la soie », la Nouvelle banque de développement, l'Organisation de coopération de Shanghai et le Partenariat économique global régional. Au cours des cinq dernières années, Moscou a tenté de ruiner les efforts internationaux visant à renforcer les garanties et la surveillance des armes chimiques et a utilisé l'Organisation internationale de police criminelle (Interpol) pour poursuivre ses opposants.

La sous-performance persistante d'un grand nombre d'institutions multilatérales mondiales risque d'inciter les pays à se tourner vers d'autres arrangements informels et d'autres multi-acteurs, tels que la force conjointe du G5 Sahel pour lutter contre les extrémistes dans la région, l'alliance mondiale pour les vaccins et l'initiative mondiale en faveur d'une plus grande transparence des industries extractives. Certaines de ces initiatives sont prometteuses pour combler des lacunes cruciales, mais leur impact à long terme dépendra de la mobilisation des ressources, de l'adhésion politique et du leadership des grandes puissances régionales. Certaines régions, en particulier l'Afrique subsaharienne, l'Europe et l'Asie du Sud-Est, vont probablement poursuivre leurs efforts afin de renforcer les organisations et l'intégration régionales, et d'autres régions auront probablement du mal à coopérer en raison de divisions interétatiques persistantes.

Les normes, véritable champ de bataille

Les accords internationaux de normalisation soutiennent l'émergence de nouvelles technologies en réduisant l'incertitude du marché et en établissant des normes. L'appartenance aux organismes de normalisation est de plus en plus disputée, en grande partie en raison de l'influence que ces organismes exercent sur les technologies qui entrent sur le marché. Aussi, les producteurs de technologies en tirent profit. Longtemps dominée par les États-Unis et leurs alliés, la Chine s'efforce maintenant de jouer un rôle plus décisif dans l'établissement des normes sur les technologies qui définiront probablement la prochaine décennie et au-delà. Par exemple, les organismes internationaux de normalisation joueront un rôle essentiel dans la détermination des futures normes éthiques en matière de recherche et d'applications biotechnologiques, des normes d'interface pour la communication mondiale et des normes de contrôle de la propriété intellectuelle.

La concurrence autour des normes mondiales

De nombreux acteurs seront mis en concurrence pour promouvoir et façonner des normes mondiales allant du respect des droits de l'homme et des institutions démocratiques au comportement en temps de guerre. Certaines démocraties qui ont connu des retours de bâton populistes ont renoncé à leur rôle de championnes des normes protégeant les libertés civiles et les droits individuels. Dans le même temps, les pouvoirs autoritaires, menés par la Chine et la Russie, ont gagné du terrain en continuant à mettre en avant leurs valeurs et à repousser les normes qu'ils estiment centrées sur l'Occident depuis la fin de la guerre froide. Par exemple, le droit d'ingérence au nom des droits de l'homme.

Au cours des vingt prochaines années, cette concurrence rendra plus difficile le respect de nombreuses normes établies et l'élaboration de nouvelles normes pour réguler de nouveaux domaines, notamment le cyberespace, l'espace, les fonds marins et l'Arctique. Les institutions et les normes existantes ne sont pas bien conçues pour des domaines en pleine évolution tels que la biotechnologie, la cybernétique et la réponse environnementale, ni pour le nombre croissant de nouveaux acteurs opérant dans l'espace. De nombreux projets de création de normes pourraient passer des institutions universelles fondées sur un consensus à des entités moins globales, comme des initiatives régionales. Par ailleurs, de nouvelles normes prendront de l'ampleur si les États perçoivent collectivement les risques croissants d'une action unilatérale ou si des acteurs non étatiques de plus en plus puissants pèsent de tout leur poids en faveur de nouvelles directives, notamment concernant l'utilisation des technologies émergentes.

RISQUE ACCRU DE CONFLIT INTERÉTATIQUE

Dans cet environnement mondial plus compétitif, le risque de conflit interétatique est susceptible d'augmenter en raison des progrès technologiques et de l'élargissement du nombre de cibles, de la plus large variété d'acteurs, d'une dynamique de dissuasion plus difficile et de l'affaiblissement des traités et des normes. Les armées des grandes puissances chercheront probablement à éviter les conflits de haute intensité, voire la guerre totale, en raison de leur coût prohibitif en ressources et

■ PRÉVISIONS DES NORMES INTERNATIONALES

Les normes les moins susceptibles d'être contestées	Normes susceptibles de faire l'expérience de la plus grande variation régionale	Les normes qui risquent le plus de s'affaiblir au niveau mondial au cours de la prochaine décennie	Les normes dans le développement précoce
Description : Largement acceptées par les États ; violations largement condamnées	***Description :*** Acceptation disparate entre les différentes régions.	***Description :*** Contredites par au moins une puissance majeure ; mise en œuvre bloquée ou ralentie	***Description :*** Pas formellement codifiées ou largement acceptées ; accord futur incertain.
• Souveraineté nationale • Intégrité territoriale • Responsabilité pénale internationale pour les atrocités de masse • Interdiction des coups d'État militaires • Interdiction du génocide • Interdiction de la torture • Droits d'autodéfense • Enfants soldats	• Liberté de navigation • Droits de propriété intellectuelle • Vie privée numérique • Responsabilité de protéger • Protections LGBTQ • Gestion du trafic spatial et désorbitation des satellites • Protection de l'environnement • Conduite des conflits armés • Mariage des enfants	• Contrôle des armes et non-prolifération • Droits de l'homme civils et politiques • Non-refoulement et réinstallation des réfugiés • Droits des femmes et droits reproductifs • Commerce ouvert • État de droit • Institutions démocratiques	• Biotechnologie • Intelligence artificielle • Cybersécurité et conflit • Accès à l'Arctique et extraction des ressources

en vies humaines. Mais le risque d'éclatement de tels conflits à la suite d'une erreur de calcul ou d'un refus de compromis sur des questions fondamentales va probablement augmenter.

L'évolution de la nature des conflits

Les technologies qui progressent rapidement, notamment la propulsion hypersonique et l'intelligence artificielle, créent de nouveaux types d'armes tout en offrant un plus grand nombre de cibles – de la société civile à l'armée en passant par les infrastructures domestiques, les systèmes financiers, le cyberespace et les réseaux informatiques.

Ces technologies donneront aux États un éventail plus large d'outils coercitifs permettant d'éviter des conflits armés, que de nombreux États sont susceptibles de privilégier afin d'obtenir des effets stratégiques tout en évitant les coûts politiques, économiques et humains de la violence directe. Il pourrait en résulter une distinction encore plus floue entre une vive concurrence et un conflit direct, ce qui accroîtra les motivations des États à établir leur suprématie à chaque niveau de l'échelle.

L'amélioration des capteurs, l'automatisation, l'IA, les capacités hypersoniques et d'autres technologies avancées permettront de produire des armes plus précises, plus rapides, d'une plus large portée et d'un pouvoir destructeur plus important, ce qui modifiera la nature des conflits au cours des vingt prochaines années. Même si les armées avancées auront davantage accès à ces capacités de pointe, certaines armes seront probablement à la portée d'États plus petits et d'acteurs non étatiques. La prolifération et la diffusion de ces systèmes au fil du temps sont susceptibles de rendre plus de systèmes civils et militaires vulnérables, d'accroître le risque d'escalade, d'affaiblir la dissuasion et de rendre les combats potentiellement plus meurtriers, mais pas nécessairement plus décisifs. Dans un conflit prolongé et à vaste échelle entre grandes puissances, certaines technologies militaires avancées pourraient commencer à avoir un impact décroissant sur le champ de bataille, à mesure que des systèmes haut de gamme coûteux et difficiles à remplacer rapidement sont endommagés ou détruits ou, dans le cas des munitions, dépensés au combat. Les capteurs et les armes avancés contribueront aux efforts de contre-insurrection, mais ces systèmes pourraient ne pas être suffisants pour obtenir des résultats décisifs étant donné la nature déjà asymétrique de ces conflits.

La domination dans la compétition entre grandes puissances, et plus particulièrement sur le champ de bataille, sera dépendante de la maîtrise et de la protection de l'information et de la connexion des forces militaires. Les belligérants cibleront les réseaux informatiques, les infrastructures critiques, le spectre électromagnétique, les systèmes financiers et les biens spatiaux de leurs adversaires, en menaçant les communications et en sapant les fonctions d'alerte. Le nombre et la qualité des capteurs d'observation vont s'accroître tout comme les défis à relever pour donner un sens à l'information et l'utiliser. Certains gouvernements seront en mesure de manipuler les informations contre leurs rivaux avec plus de précision et à plus grande échelle.

L'augmentation des capteurs et de la connectivité rendra également les armées et les gouvernements plus vulnérables aux attaques cybernétiques et électromagnétiques. Le développement d'armes, de doctrines et de procédures cybernétiques en conjonction avec d'autres armes est susceptible d'évoluer de manière significative au cours des vingt prochaines années, avivant ainsi les conséquences des cyberconflits. Les pays capables d'étendre leurs réseaux et leurs moyens de combat importants, de raccourcir les processus décisionnels et de prévoir une redondance à tous les niveaux seront probablement mieux placés pour faire face aux conflits futurs.

Les conflits armés interétatiques – définis comme un engagement direct entre les forces militaires de deux ou plusieurs adversaires dans lequel au moins l'un des participants subit des pertes ou des dommages importants – s'intensifieront et les signes précurseurs se réduiront, ce qui diminuera par conséquent les temps de réponse et renforcera la pression pour déléguer, voire automatiser, certaines prises de décision. Des capteurs et systèmes d'analyse de données peu coûteux pourraient révolutionner la détection et le traitement en temps réel d'ici 2040. Mais de nombreuses armées auront encore du mal à distiller des informations et à compiler des options pour les décideurs sans IA ni autres aides à la prise de décision algorithmique. Cette vitesse accrue est susceptible d'augmenter le risque d'erreur de calcul ou d'escalade involontaire vers une guerre totale.

■ AUGMENTATION DU RISQUE DE CONFLITS CAUSÉE PAR LA CONCURRENCE ENTRE LES PUISSANCES MAJEURES

Les tendances géopolitiques et les changements technologiques augmentent le risque de conflit armé des grandes puissances jusqu'en 2040. Les actions non armées pourraient dégénérer - peut-être involontairement - en guerres de tir actives entre grandes puissances en raison de l'affaiblissement des règles, de la plus grande rapidité d'engagement, de l'environnement informationnel plus trouble et des nouvelles technologies.

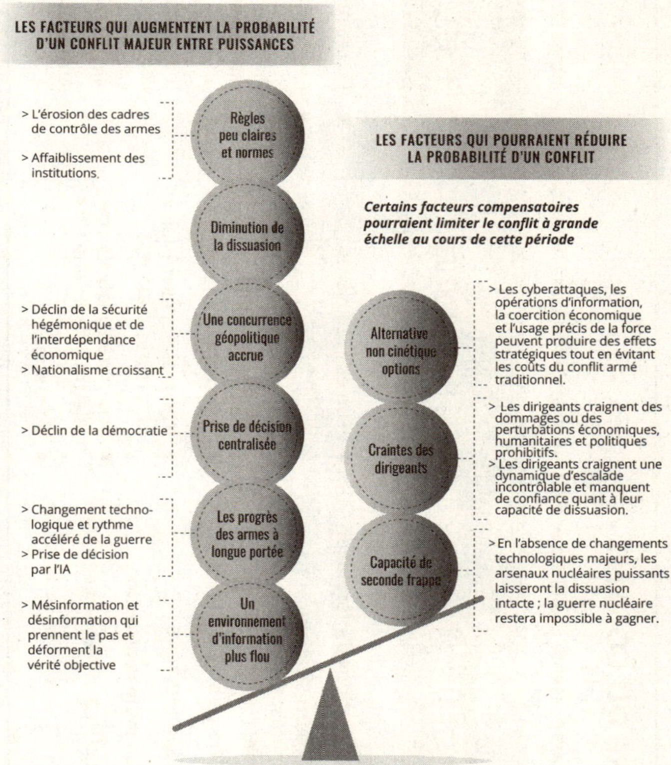

SPECTRE DU CONFLIT

Ce graphique présente des niveaux croissants de conflit, de la non-violence aux armes stratégiques.

EXEMPLES D'ACTIVITÉS

NON-VIOLENCE

- Opérations d'information
- Cyberopérations (infrastructures non critiques)
- Coercition économique
- Exercices/tests
- Chantage/corruption
- Collecte de renseignements

HYBRIDE / INTERMÉDIAIRE

- Forces irrégulières (insurgés, mandataires, terroristes, sociétés militaires privées, milices maritimes)
- Sabotage
- Cyberattaques (certaines structures critiques)
- Interférence du spectre électromagnétique
- Assassinat

CONVENTIONNEL / STRATÉGIQUE

- Forces régulières
- Embargo/blocage
- Plates-formes d'armes attribuables
- Cyberattaques catastrophiques (c'est-à-dire paralysant le commandement et le contrôle stratégique, les systèmes financiers, etc.)
- Armes nucléaires et autres ADM

Acteurs supplémentaires

Certains conflits interétatiques et certaines interventions internationales dans des conflits locaux impliqueront davantage de mandataires armés, de sociétés militaires privées, de pirates informatiques et d'organisations terroristes, car les gouvernements chercheront à réduire les risques et les coûts liés à la conduite des attaques. Les mandataires et les sociétés privées réduiront ainsi le coût de la formation, de l'équipement et du maintien des unités spécialisées et fourniront de la main-d'œuvre aux pays dont la population est en déclin. Certains groupes atteindront plus rapidement leurs objectifs avec des empreintes plus petites et des techniques asymétriques. La Russie et la Turquie ont utilisé des groupes privés et des groupes mandataires dans

■ PRÉVISION DES CONFLITS INTRA-ÉTATIQUES ET INTER-ÉTATIQUES

Après plusieurs décennies de faible fréquence de conflits interétatiques, les conflits internes et les guerres civiles prennent de plus en plus des dimensions internationales, les puissances régionales et internationales soutenant des camps différents et fournissant directement des troupes et du matériel. Ces conflits pourraient commencer à déborder sur un conflit plus direct, celui des grandes puissances, surtout si les combattants utilisent de nouvelles technologies. Ce graphique sépare les conflits intra-étatiques, dans lesquels il n'y a pas d'interférence de la part d'autres pays, des conflits intra-étatiques internationalisés, dans lesquels au moins une partie reçoit le soutien direct d'autres gouvernements qui participent activement au conflit.

NOMBRE DE CONFLITS, 1946-2019

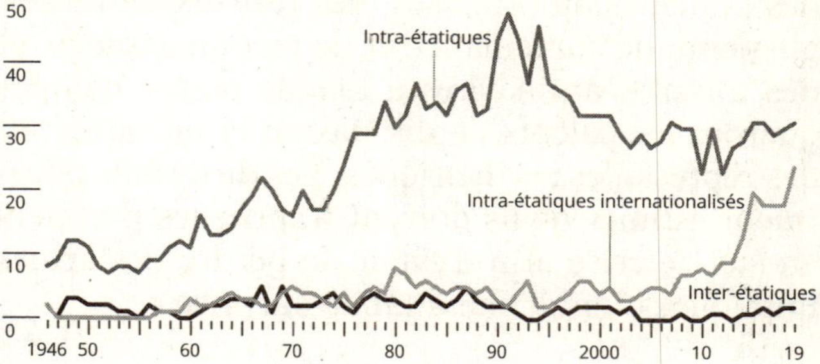

Source : Uppsala Conflict Data Program, 2020.

les conflits en Libye et en Syrie, et des entreprises ont fourni un large éventail de services logistiques et autres aux forces de la coalition en Afghanistan, en Irak et dans d'autres pays.

Une dissuasion plus difficile

L'introduction de différentes armes, de nouvelles frontières et d'un plus grand nombre d'acteurs compliquera les paradigmes de la dissuasion et brouillera les paliers de l'escalade à ne pas franchir. Les stratégies de dissuasion ont toujours été difficiles à maintenir en dehors de la guerre nucléaire, et les nouvelles formes d'attaque – les opérations cybernétiques et d'information, par exemple – ne feront qu'ajouter au défi. En outre, de nombreux pays ne disposent pas de doctrines claires pour les nouvelles capacités militaires – y compris les capacités conventionnelles, les armes de destruction massive et les capacités asymétriques – afin d'orienter leur utilisation et de développer une compréhension commune de la dissuasion. Les progrès réalisés dans le domaine des armes conventionnelles et hypersoniques, de la défense contre les missiles balistiques, de la robotique et des systèmes automatisés, des réseaux de renseignement, de surveillance et de reconnaissance, et des missiles antinavires à longue portée compliqueront les calculs de dissuasion et entraîneront des représailles asymétriques. Les dirigeants pourraient estimer qu'ils doivent frapper les premiers en cas de crise afin d'éviter de perdre des armes impliquées lors d'une attaque surprise.

RISQUE CROISSANT DE PROLIFÉRATION OU D'UTILISATION DE L'ARME NUCLÉAIRE

La prolifération nucléaire et l'utilisation potentielle de l'énergie nucléaire sont très probables dans cet environnement géopolitique compétitif. Les avancées technologiques et la diversification des systèmes de livraison, les incertitudes liées à la maîtrise des armements et la diffusion des connaissances et des compétences liées à la technologie nucléaire s'ajoutent à ce risque.

Les pays qui ont déclaré avoir des armes nucléaires enrichissent ou améliorent leurs arsenaux ; la Chine et la Russie investissent dans de nouveaux vecteurs, notamment des missiles, des sous-marins, des bombardiers et des armes hypersoniques. Il est probable que ces États continuent de déployer des armes nucléaires de plus en plus précises et à plus faible rendement sur des plateformes destinées à la guerre ouverte. Cela incitera les États à envisager l'utilisation du nucléaire dans un plus grand nombre de cas, tout en distinguant les confrontations nucléaires à grande échelle et les scénarios d'« usage limité ».

Les menaces extérieures perçues en matière de sécurité s'accroissent dans de nombreuses régions, en particulier au Moyen-Orient et en Asie. D'après les recherches, cette donnée est un élément clé dans la décision des États de développer un arsenal nucléaire. Les questions grandissantes sur les garanties de sécurité, la force de dissuasion à long terme et les pressions régionales accrues pourraient pousser certaines économies avancées à lancer leur propre programme nucléaire.

La maîtrise des armements et les traités au bord du gouffre

Les normes et traités existants régissant l'utilisation des armes et la conduite en temps de guerre sont de plus en plus contestés. Les nouvelles conceptions sont en retard sur les innovations technologiques. Les violations répétées et impunies des règles et des normes relatives à la non-violabilité des frontières, aux assassinats et à l'utilisation de certaines armes interdites, comme les armes chimiques, font évoluer l'analyse coûts-avantages des acteurs en faveur de leur utilisation. Une concurrence renouvelée, des accusations de tricherie et la suspension ou le non-renouvellement de plusieurs accords majeurs affaibliront les structures stratégiques de contrôle des armements et fragiliseront la non-prolifération des armes.

Dans ces conditions, et à cause du nombre croissant d'acteurs possédant ces armes, il sera très probablement plus difficile de parvenir à un accord sur de nouveaux traités et de nouvelles normes pour certaines armes. Les armes ayant un impact stratégique ne seront plus limitées à l'arsenal nucléaire, car les capacités des armes classiques s'améliorent et de nouvelles capacités, telles que la frappe de précision à longue portée qui pourrait mettre en danger le leadership national, ont des effets puissants. Les pays pourraient avoir des difficultés à se mettre d'accord sur la limitation des aspects perturbateurs ou sécuritaires de l'IA et d'autres technologies en raison de divergences de définitions, d'applications commerciales à double usage, de la dépendance à l'égard d'entités commerciales, souvent internationales, pour développer de nouveaux systèmes. Les incitations à l'adoption de telles règles et de tels mécanismes d'application émergeront au fil du temps, au gré des crises, et révéleront les risques et les coûts élevés d'un développement incontrôlé des armes.

L'AVENIR DU TERRORISME : DES ACTEURS DIVERS, ET UNE DÉGRADATION DES EFFORTS INTERNATIONAUX

Les groupes terroristes continueront à exploiter la fragmentation de la société et la faiblesse de la gouvernance pour promouvoir leurs idéologies et gagner du pouvoir par la violence. Au cours des vingt prochaines années, les conflits régionaux et intra-étatiques, les pressions démographiques, la dégradation de l'environnement et le recul de la démocratie exacerberont les tensions politiques, économiques et sociales. Les terroristes ont longtemps exploité ces griefs pour gagner des partisans et des refuges pour s'organiser, s'entraîner et comploter. Ces accélérateurs, dont l'intensité et les effets seront probablement inégaux selon les régions et les pays, favoriseront également la migration internationale des zones rurales vers les zones urbaines, ce qui pèsera encore davantage sur les ressources de l'État et diminuera l'efficacité de l'action mondiale et locale contre le terrorisme.

- Les groupes djihadistes mondiaux sont susceptibles de constituer les plus fortes menaces transnationales persistantes ainsi qu'un danger dans leurs régions d'origine. Ils bénéficient d'une idéologie cohérente qui promet un avenir millénariste, de structures organisationnelles solides et de la capacité d'exploiter de vastes territoires non ou mal gouvernés, notamment en Afrique, au Moyen-Orient et en Asie du Sud.

- Les terroristes d'extrême « droite » et d'extrême « gauche » qui font la promotion de toute une série de thématiques – le racisme, l'environnementalisme et l'extrémisme anti-gouvernemental, par exemple – pourraient renaître en Europe, en Amérique latine, en Amérique du Nord et peut-être dans d'autres régions.
- Les groupes d'insurgés et les conflits sectaires – de plus en plus nombreux autour de causes ethno-nationalistes et communautaires – continueront également à encourager le terrorisme. Les groupes spécifiques vont croître et décroître à mesure que certains sont vaincus et que d'autres gagnent du pouvoir. Bien que certains groupes aspirent à mener des attaques transnationales et à maintenir des connexions transfrontalières, la plupart des attaques seront perpétrées par des acteurs locaux contre des cibles locales en vue d'atteindre des objectifs locaux.
- Les efforts déployés par l'Iran et le Hezbollah libanais pour consolider l'« axe de la résistance » chiite pourraient également accroître la menace d'attaques asymétriques contre les intérêts américains, israéliens, saoudiens et autres au Moyen-Orient.

L'évolution technologique des tactiques des terroristes et des forces antiterroristes

La plupart des attaques terroristes des vingt prochaines années continueront probablement à utiliser des armes similaires à celles actuellement disponibles – comme les armes légères et les explosifs improvisés – car celles-ci s'avèrent généralement suffisantes, accessibles et fiables. Toutefois, les progrès technologiques, notamment l'intelligence artificielle, la biotechnologie et la connectivité des objets, offriront aux terroristes la possibilité de mener des attaques de grande envergure en développant de nouvelles méthodes d'attaque à distance et de collaborer au-delà des frontières. Les terroristes chercheront également à se procurer des armes de destruction massive et d'autres armes et méthodes qui leur permettront de mener à bien des attaques spectaculaires faisant de nombreuses victimes. Par exemple, l'État islamique d'Irak et de Syrie (ISIS) a déjà lancé des attaques au gaz moutarde et utilise abondamment les drones, tout comme les militants chiites soutenus par l'Iran. Des véhicules de livraison autonomes guidés à l'aide de systèmes d'IA pourraient permettre à un seul terroriste de frapper des dizaines de cibles dans le même attentat. Les environnements de réalité augmentée pourraient également permettre la création de camps d'entraînement terroristes virtuels, mettant en relation des conspirateurs expérimentés, à l'abri dans des repaires lointains, avec des agents potentiels.

Les innovations technologiques qui renforcent la capacité de surveillance peuvent aider les gouvernements à combattre les terroristes malgré les défis posés par une mauvaise gouvernance. Il est probable que les gouvernements continueront d'accroître considérablement la quantité et le type d'informations qu'ils collectent, ainsi que les outils permettant de trier et d'analyser les informations. Les progrès en matière d'identification biométrique, d'exploration des données, d'analyse des vidéos en mouvement et d'analyse des métadonnées permettront aux gouvernements d'améliorer leurs capacités à identifier les terroristes et les complots. Le développement de capacités de frappe de précision à longue portée pourrait ébranler les refuges des terroristes qui sont pour l'instant inaccessibles aux forces de police ou d'infanterie.

La géopolitique redessine le paysage de la lutte contre le terrorisme

L'évolution des dynamiques internationales – en particulier le développement de la Chine et la concurrence entre grandes puissances – est susceptible de remettre en question les efforts de lutte contre le terrorisme menés par les États-Unis et de rendre de plus en plus difficile l'établissement de partenariats bilatéraux ou la coopération multilatérale en matière de collecte de données sur les voyageurs et le partage d'informations, éléments essentiels pour empêcher les terroristes de franchir les frontières et de pénétrer dans de nouvelles zones de conflit. Les pays pauvres auront probablement du mal à faire face aux menaces intérieures, particulièrement si l'assistance internationale contre le terrorisme est plus limitée. Certains pays confrontés à des menaces existentielles, telles que des insurrections terroristes, peuvent choisir de signer des pactes de non-agression qui laissent les terroristes libres de s'organiser à l'intérieur de leurs frontières, et contraignent d'autres personnes à se soumettre à la domination terroriste sur des parties importantes de leur territoire.

SCÉNARIOS POUR 2040

Prédire l'avenir dans l'incertitude

Les chapitres précédents de ce rapport (*Tendances mondiales 2040*) ont décrit la manière dont les forces structurelles clés posent les bases de notre monde futur, notamment en termes de démographie, d'environnement, d'économie et de technologie, puis ont exploré les dynamiques qui émergent au sein des sociétés, des États et du système international à mesure de la réponse des communautés et des dirigeants à ces forces. Ces sections montrent que le monde est de plus en plus déséquilibré et contesté à tous les niveaux, mais cette trajectoire n'est pas gravée dans le marbre.

Pour mieux comprendre comment ces conditions pourraient évoluer différemment au cours des vingt prochaines années, nous avons élaboré des scénarios décrivant un éventail de futurs possibles à l'échelle mondiale. Trois questions clés ont permis de façonner ces scénarios.

- **Quelle est la gravité des défis mondiaux qui se profilent ?**

- **Comment les États et les acteurs non étatiques s'engagent-ils dans le monde, avec quelle orientation et quel type d'engagement ?**

• **Enfin, quelles sont les priorités des États pour l'avenir ?**

À partir de ces questions, nous avons identifié cinq scénarios plausibles qui illustrent notre avenir. Chacun d'entre eux reflète les thèmes clés que sont les défis mondiaux partagés, la fragmentation, la maladie, l'adaptation et la contestation accrue.

Trois des scénarios décrivent des avenirs dans lesquels les défis internationaux s'aggravent progressivement et les interactions sont largement définies par la rivalité entre les États-Unis et la Chine. Dans **La renaissance des démocraties**, les États-Unis sont à la tête d'une résurgence des démocraties. Dans **Un monde à la dérive**, la Chine fait la course en tête mais ne domine pas le monde, et, dans **Coexistence compétitive**, les États-Unis et la Chine prospèrent et se disputent le leadership dans un monde divisé.

Deux autres scénarios décrivent des changements plus radicaux. Tous deux découlent de désordres internationaux particulièrement graves et défient les hypothèses émises sur le système mondial. La rivalité entre les États-Unis et la Chine s'avère moins centrale dans ces scénarios, car les deux États sont contraints de faire face à des défis mondiaux plus importants et plus graves, et constatent que les structures actuelles ne sont pas adaptées à ces défis. **Des silos séparés** dépeint un monde dans lequel la mondialisation s'est effondrée et où des blocs économiques et sécuritaires émergent pour protéger les États des menaces croissantes. **Tragédie et mobilisation** envisage un bouleversement révolutionnaire à la suite de crises environnementales dévastatrices.

SCÉNARIO 1

La renaissance des démocraties

En 2040, le monde est au cœur d'une résurgence de démocraties ouvertes, menées par les États-Unis et leurs alliés. Rapidement, les avancées technologiques favorisées par les partenariats public-privé aux États-Unis et dans d'autres sociétés démocratiques transforment l'économie mondiale, augmentent les revenus et améliorent la qualité de vie de millions de personnes dans le monde. La marée montante de la croissance économique et des réalisations technologiques permet de répondre aux défis mondiaux, apaise les tensions sociétales, et renouvelle la confiance du public envers les institutions démocratiques. En revanche, des années de contrôle et de surveillance croissants de la part de la société en Chine et en Russie ont étouffé l'innovation, tandis que des scientifiques et des entrepreneurs demandent l'asile aux États-Unis et en Europe.

Le succès du développement et de la distribution mondiale du vaccin contre le Covid-19 en 2020-21 a attiré l'attention du monde entier sur l'importance de la recherche scientifique, de l'innovation et du développement technologique pour relever les nouveaux défis mondiaux. Des réseaux d'instituts de recherche, d'agences gouvernementales, d'organisations non gouvernementales et de sociétés privées opérant dans les pays de l'OCDE ont intensifié le partage d'informations et élaboré des approches coordonnées pour la recherche et le développement axées sur l'intelligence artificielle, la biotechnologie et d'autres technologies essentielles pour revitaliser les économies et répondre aux besoins de la société. Au cours des dix années qui ont suivi, ces efforts ont donné lieu à une série d'avancées révolutionnaires, qui ont permis d'améliorer la productivité et de provoquer un boom économique. Les progrès technologiques et la croissance économique se sont combinés pour améliorer la capacité des gouvernements, permettant aux démocraties de fournir des services et d'assurer la sécurité plus efficacement.

Dotées de ressources plus importantes et de services améliorés, ces démocraties ont lancé des initiatives visant à lutter contre la corruption, à accroître la transparence et à améliorer la responsabilité dans le monde entier, renforçant ainsi la confiance du public. Ces efforts ont contribué à inverser les années de fragmentation sociale et à restaurer un sentiment de nationalisme civique.

La combinaison d'une innovation rapide, d'une économie plus forte et d'une plus grande cohésion sociétale a permis de réaliser des progrès constants sur le climat et de relever d'autres défis. Les sociétés démocratiques sont devenues plus résistantes à la désinformation grâce à une meilleure sensibilisation du public et aux nouvelles technologies qui permettent d'identifier et de démystifier rapidement les informations erronées. Cet environnement a rétabli une culture de débat vigoureux mais civilisé sur les valeurs, les objectifs et les politiques.

Contrairement à la culture de collaboration qui prévaut dans les sociétés ouvertes, la Russie et la Chine n'ont pas réussi à cultiver les talents, les investissements et l'environnement de haute technologie nécessaires pour soutenir une innovation continue. En Chine, la répression totale de Hong Kong en 2022 a inauguré une décennie de répression numérique encore plus forte, limitant toute liberté d'expression. Tout en demeurant des puissances militaires stratégiques, la Chine et la Russie se sont enlisées dans des tensions domestiques. Le vieillissement de la population chinoise, l'importance de la dette publique et privée, et l'inefficacité du modèle économique dirigé par l'État ont bloqué la transition du pays vers une économie de consommation. En 2029, la Chine était coincée dans le piège des revenus intermédiaires et avait aliéné les populations des pays en développement. La Russie a décliné en raison de la stagnation de sa main-d'œuvre, de sa dépendance excessive à l'égard des exportations d'énergie et des luttes intestines de l'élite post-Poutine.

Au milieu des années 2030, les États-Unis et leurs alliés en Europe et en Asie étaient les leaders mondiaux dans plusieurs domaines technologiques, notamment l'IA, la robotique, la connectivité des objets, les biotechnologies, le stockage de l'énergie et la fabrication additive. Les démocraties ont uni leurs forces pour établir des normes internationales afin de limiter les conséquences négatives des technologies, notamment la désinformation qui avait auparavant été si clivante dans les sociétés ouvertes. La coopération multilatérale s'est étendue à d'autres domaines, notamment la cybersécurité, l'atténuation du changement climatique et les règles de gestion des fonds marins, de l'Arctique et de l'espace.

Le succès technologique a favorisé l'émergence d'une opinion, largement répandue dans les pays émergents et en développement, selon laquelle les démocraties sont plus adaptables et résilientes et mieux à même de faire face aux défis mondiaux croissants. Des années de promesses chinoises non tenues ont également poussé certains des pays les plus peuplés, dont le Brésil, l'Indonésie, l'Inde et le Nigeria, à adopter pleinement la démocratie transparente. La diffusion rapide des technologies avancées dans les économies en développement a permis d'améliorer plus rapidement que prévu l'éducation et les compétences professionnelles, en s'appuyant sur les plateformes d'apprentissage à distance développées pendant la pandémie. L'essor de la Chine n'étant plus considéré comme inévitable, les États et les investisseurs se sont tournés vers des économies à croissance plus rapide, dotées de secteurs privés et de systèmes d'innovation robustes.

Les régimes autocratiques ont tenté, sans succès, de s'opposer à la force croissante des alliés démocrates. La Russie a menacé d'intervenir au nom des minorités ethniques russes dans plusieurs des États post-soviétiques non membres de l'Organisation du traité de l'Atlantique Nord (OTAN), un geste largement considéré comme une dernière tentative désespérée de Moscou pour détourner l'attention de ses problèmes intérieurs. La Chine a pris des mesures menaçantes dans la mer de Chine méridionale. Les deux pays ont investi dans des systèmes d'armes asymétriques et des technologies de désinformation pour contrer les avantages américains tout en évitant les coûts de la violence directe.

CONCLUSIONS CLÉS

- Les systèmes ouverts et démocratiques se sont avérés plus à même de favoriser la recherche scientifique et l'innovation technologique, catalysant un boom économique. À son tour, la forte croissance économique a permis aux démocraties de répondre à de nombreux besoins nationaux, de relever les défis mondiaux et de contrer leurs rivaux.
- La combinaison d'une meilleure prestation de services et d'efforts de lutte contre la corruption a contribué à restaurer la confiance du public dans les institutions et finalement réparé de nombreuses sociétés fracturées. De fortes différences dans les préférences et les croyances du public subsistaient, mais elles ont été résolues démocratiquement.
- Le leadership américain s'est avéré essentiel à la coordination multilatérale et à la concentration sur les défis mondiaux, en s'appuyant sur les alliances et les institutions internationales établies. Un renouveau de l'UE et du Royaume-Uni, stimulés par l'innovation

technologique et la croissance économique, a été la clé d'un succès plus large.

- Au fil du temps, la combinaison d'une répression sévère, d'une croissance économique au point mort et de pressions démographiques croissantes a sapé les régimes autoritaires établis en Chine et en Russie, les rendant moins prévisibles et plus agressifs dans leur zone géographique.

SCÉNARIO 2

Un monde à la dérive

En 2040, le système international est sans direction, chaotique et instable car les règles et les institutions internationales sont largement ignorées par les grandes puissances comme la Chine, les acteurs régionaux et les acteurs non étatiques. Les pays de l'OCDE sont en proie à une croissance économique plus lente, à des divisions sociétales croissantes et à une paralysie politique. La Chine profite des difficultés de l'Occident pour étendre son influence internationale, en particulier en Asie, mais n'a pas la volonté ni la puissance militaire nécessaires pour prendre le leadership mondial, laissant de nombreux défis internationaux, tels que le changement climatique et l'instabilité dans les pays en développement, largement sans réponse.

COMMENT NOUS EN SOMMES ARRIVÉS LÀ

De nombreuses économies de marché avancées et émergentes ne se sont jamais complètement remises de la pandémie de Covid-19, qui a été prolongée par un déploiement lent et inefficace des vaccins. À la fin des années 2020, le niveau élevé de la dette nationale, les coûts liés au vieillissement de la population et les événements climatiques répétés ont grevé les budgets des gouvernements et évincé d'autres priorités de dépenses, comme l'éducation, les infrastructures, la recherche et le développement scientifiques. Les crises environnementales, sanitaires et économiques sont apparues progressivement et sporadiquement au cours de la décennie, limitant le soutien politique et les ressources dont disposent les gouvernements pour prendre des mesures allant au-delà des secours d'urgence et de la stimulation économique à court terme.

Les difficultés économiques ont accentué les divisions sociétales et rendu plus difficile l'obtention d'un compromis politique sur les priorités locales et la sécurité nationale.

Les frustrations et les manifestations publiques se sont multipliées dans de nombreux pays, mais les mouvements d'opposition fragmentés et concurrents n'ont pas réussi à s'entendre sur des revendications et des objectifs clairs. Les sociétés polarisées, façonnées par les réseaux sociaux, ont conduit à davantage d'impasses politiques et à de fortes fluctuations décisionnelles. Ces communautés divisées en factions, principalement dans les pays démocratiques, n'ont pas été en mesure de prendre des mesures efficaces en matière d'économie, d'environnement, de migration et de politique étrangère. L'incertitude entourant les crises et les réponses erratiques des gouvernements ont étouffé les investissements et la création d'emplois, plongeant l'Amérique du Nord et l'Europe dans une période de croissance molle que beaucoup ont comparée à la « décennie perdue » du Japon dans les années 1990. Les pays en développement ont stagné, certains se sont tournés vers la Chine et plusieurs ont souffert de l'effondrement de l'État, notamment en Afrique et au Moyen-Orient. Les défis internationaux se sont envenimés, allant du terrorisme au déclin du développement humain. Des vagues de migrants ont fui les conflits, les catastrophes environnementales et le déclin économique pour se rendre dans les pays plus riches d'Europe, d'Asie et d'Amérique du Nord.

Au cours de cette période, la Chine a connu bon nombre des mêmes problèmes environnementaux et sociétaux, mais elle a été mieux à même de s'adapter en raison d'une cohésion sociale et d'une confiance plus fortes, d'une direction agile de la part de l'autorité centralisée, d'une capacité avérée à fournir des emplois, des biens et des services, et d'un système politique qui a réprimé les voix concurrentes. Bien qu'à moindre échelle que durant le boom des années 1990 et 2000, la demande intérieure a généré une croissance du PIB suffisante pour permettre à la Chine de dépasser les États-Unis et devenir la première économie mondiale d'ici à 2030. D'énormes projets d'infrastructure visant à gérer les effets du changement climatique, comme la grande digue de Shanghai, ont séduit le monde entier. Des programmes similaires de développement des infrastructures ainsi qu'une aide et des investissements étrangers réguliers ont aidé la Chine à gagner en influence dans le monde en développement.

Malgré ces avancées, elle a continué à se concentrer sur la lutte contre les menaces de sécurité perçues à sa périphérie et sur son territoire. Pékin s'est toujours méfié des imbroglios internationaux et des rôles de leader en dehors de sa région immédiate. Au lieu de tenter de façonner un nouvel ordre mondial, la Chine s'est concentrée sur la promotion des industries et la mise en place de normes technologiques qui ont fait progresser ses objectifs de développement.

De nombreux gouvernements se sont contentés de profiter du vaste marché chinois et d'empocher d'autres avantages, comme une aide en matière de surveillance intérieure et de systèmes de sécurité, mais peu d'entre eux souhaitaient vivre dans un ordre international dirigé par la Chine. Les États-Unis ont tenté de préserver les liens avec leurs alliés encore en place dans la région, mais le Japon et la Corée du Sud ont poursuivi des programmes de modernisation militaire de plus en plus indépendants et même leurs propres programmes d'armement nucléaire, en partie parce qu'ils s'inquiétaient de la fiabilité du bouclier américain contre la Chine et la Corée du Nord.

En 2035, la position de la Chine en Asie est devenue inattaquable, surtout après qu'elle a réussi à contraindre le gouvernement de Taïwan à s'asseoir à la table des négociations pour l'unification. Le triomphe de la puissance coercitive écologique et militaire de la Chine a marqué un tournant dans la région, en montrant la capacité de Pékin à intimider un partenaire américain proche et en forçant les voisins de la Chine à craindre que l'Armée populaire de libération chinoise ne se concentre sur le règlement d'autres comptes régionaux. Aucun autre État ne s'est mis en position de contester la montée en puissance de la Chine dans la région. La Russie s'est généralement alignée sur elle, mais est devenue un partenaire moins important au fil des ans. Bien que l'Inde ait bénéficié de la croissance en Asie, il lui faudra des années avant de pouvoir affronter, et mieux encore contenir, son voisin plus puissant.

CONCLUSIONS CLÉS

- Il s'agit d'un monde sans direction dans lequel les règles internationales ne sont pas respectées, la coopération mondiale est limitée et la technologie n'apporte pas de solutions.
- L'agressivité croissante de la Chine en Asie augmente le risque de conflit armé avec d'autres puissances régionales, en particulier pour les ressources critiques. En revanche, les pays en développement dont la population est jeune et sans emploi se sentent obligés d'apaiser les demandes chinoises dans l'espoir d'obtenir les investissements et l'aide dont ils ont tant besoin.
- Les puissances régionales et les acteurs non étatiques, y compris les entreprises, ont plus d'influence sur des domaines comme le cyberespace, l'espace et d'autres technologies, mais n'ont pas le pouvoir de dominer le système.
- L'affaiblissement des règles et le manque de coopération multilatérale rendent le monde plus vulnérable aux pirates informatiques, aux terroristes et aux groupes criminels, les belligérants se sentent encouragés à poursuivre leurs objectifs par la force, en particulier au Moyen-Orient et en Afrique.
- Les grands problèmes mondiaux, en particulier le changement climatique et les problèmes de santé, s'enveniment lorsque les États ne sont pas incités à poursuivre les efforts de collecte de données et

appliquent plutôt un ensemble d'approches disparates. Néanmoins, certains États, entreprises et organisations privées utilisent cette liberté pour découvrir de nouveaux moyens d'amélioration de la santé humaine et la productivité des travailleurs, et pour expérimenter de nouvelles approches en matière de développement économique et de gouvernance.

SCÉNARIO 3

Coexistence compétitive

En 2040, les États-Unis et la Chine ont donné la priorité à la croissance économique et rétabli une relation commerciale solide, mais l'interdépendance économique existe parallèlement à la concurrence pour l'influence politique, les modèles de gouvernance, la domination technologique et l'avantage stratégique. Le risque de guerre majeure est faible, la coopération internationale et l'innovation technologique rendent les problèmes mondiaux gérables à court terme pour les économies avancées, mais les défis climatiques à plus long terme demeurent.

COMMENT NOUS EN SOMMES ARRIVÉS LÀ

Après une lente reprise à la sortie de la crise du Covid-19 et une guerre commerciale prolongée entre les États-Unis et la Chine, à la fin des années 2020, la demande refoulée et la frustration populaire généralisée à l'égard des économies peu performantes ont conduit les pays de l'OCDE à relancer des politiques économiques axées sur le marché pour stimuler la croissance. Réuni au Canada en 2031, le G7 a adopté des plans de relance économique, de libéralisation du commerce et de l'investissement, de rationalisation des impôts et de réduction des réglementations. Le souvenir d'une Union européenne autoritaire s'étant estompé, les Européens se sont mis d'accord sur un nouveau cycle de libéralisation du commerce tout en renforçant paradoxalement leurs institutions. Affaiblie par des années de baisse des prix du pétrole, la Russie de l'après-Poutine a soutenu le nouveau consensus économique du G7, et les économies émergentes, dont le Brésil et l'Inde, se sont jointes au mouvement en lançant d'importantes réformes économiques.

La Chine a rejeté le modèle de l'OCDE et adhéré à son système fermé dirigé par l'État, mais elle a donné la priorité à la croissance économique et au commerce. Pékin et Washington ont pris des mesures pour stabiliser les relations économiques, malgré leur méfiance mutuelle et leurs modèles politico-économiques contrastés. Les relations ont été marquées par des désaccords sur les questions de sécurité et les valeurs fondamentales, mais la recherche d'un allègement des restrictions commerciales des années 2020 a amené chaque partie à conclure qu'elle avait besoin de l'autre pour prospérer. Les deux parties ont décidé dans les années 2030 de protéger leurs intérêts économiques communs les plus vitaux.

La Chine et les États-Unis ont formé des « communautés de valeurs communes » rivales qui se font concurrence pour les marchés et les ressources dans le cadre de systèmes nationaux opposés, l'un fondé sur la direction de l'État, le contrôle autocratique et les technologies de surveillance publique, et l'autre sur l'entreprise privée, la démocratie, la liberté individuelle et les flux d'informations ouverts. La concurrence a quelque peu atténué la fragmentation au sein des pays, les populations s'accordant pour soutenir leurs pays et leurs dirigeants. Une grande partie du travail de gestion des flux commerciaux et d'informations a été effectuée par de grandes entreprises actives au niveau mondial. Les États-Unis, la Chine et les États de même sensibilité appartenant à leurs camps respectifs sont intervenus pour empêcher les petits conflits de s'intensifier au point de menacer le progrès économique et la stabilité du monde. Néanmoins, la concurrence géopolitique, comme dans la mer de Chine méridionale, reste une menace persistante pour les relations économiques, et de nombreux conflits internes dans les pays pauvres s'enveniment sans que la communauté internationale n'intervienne vraiment.

La hausse des prix des produits de base et la demande de travailleurs étrangers ont stimulé une reprise économique qui a amélioré les perspectives des classes moyennes en expansion dans certains pays en développement. Plusieurs économies avancées dont la population est vieillissante ont mis en place des programmes de travailleurs invités, qui ont permis de pourvoir des emplois dans les services d'importation tout en réduisant les migrations incontrôlées grâce à des programmes de suivi biométrique. La hausse des salaires en

Chine a entraîné une externalisation et une hausse des revenus en Inde, en Asie du Sud-Est et dans certaines régions d'Afrique. Néanmoins, d'importantes populations jeunes dans les pays en développement, en particulier en Afrique, n'ont pas profité de la reprise de l'économie mondiale.

Les progrès réalisés dans la production et le stockage des énergies renouvelables et dans les technologies de piégeage du carbone ont freiné la croissance des émissions, mais pas assez rapidement pour éviter certains impacts catastrophiques. Les pays riches ont pu investir dans des mesures d'adaptation au niveau national afin de protéger les populations à risque, mais les pays en développement sont restés à la traîne et ont souffert le plus de l'augmentation des catastrophes, ce qui pose des problèmes de sécurité de second ordre.

CONCLUSIONS CLÉS

- La rivalité entre les États-Unis et la Chine et les relations entre États sont centralisées dans la concurrence pour les marchés, les ressources et le prestige des marques dans le cadre de règles mutuellement acceptées dans ces domaines. Les opinions publiques se rallient à leurs gouvernements dans la compétition, ce qui tempère la fragmentation de la société.
- Le renforcement de l'interdépendance économique réduit le risque d'engagement des grandes puissances dans un conflit armé. La plupart d'entre elles se livrent à des opérations d'influence, à l'espionnage d'entreprise, à des activités de recherche et de développement et à des cyberattaques qui leur permettent d'atteindre des objectifs sans risquer des guerres destructrices.

- Le principal défi en matière de sécurité est de savoir comment la concurrence géopolitique entre les États-Unis et la Chine peut ne pas miner la coopération économique dont dépendent leur prospérité et l'économie mondiale.
- La stabilité à long terme est menacée par les changements climatiques croissants qui ont été ignorés au profit des bénéfices à court terme. Les innovations technologiques et la prospérité économique ont fait croire aux dirigeants qu'ils pouvaient repousser les choix difficiles en matière de changement climatique.

SCÉNARIO 4

Des silos séparés

En 2040, le monde est fragmenté en plusieurs blocs économiques et sécuritaires de taille et de force variables. Ils sont centrés sur les États-Unis, la Chine, l'Union européenne, la Russie et quelques puissances régionales. Ils sont axés sur l'autosuffisance, la résilience et la défense. Les informations circulent dans des enclaves cyber-souveraines distinctes, les chaînes d'approvisionnement sont réorientées et le commerce international est perturbé.

Les pays en développement vulnérables sont pris entre deux feux, certains étant sur le point de devenir des États en faillite. Les problèmes mondiaux, notamment le changement climatique, sont abordés de façon sporadique, voire pas du tout.

COMMENT NOUS EN SOMMES ARRIVÉS LÀ

Au début des années 2030, les défis mondiaux en cascade résultant de décennies de pertes d'emplois dans certains pays en partie à cause de la mondialisation, de conflits commerciaux passionnés et de menaces sanitaires et terroristes traversant les frontières ont incité les États à élever des barrières et à imposer des restrictions commerciales pour préserver les ressources, protéger les citoyens et servir les industries nationales. De nombreux économistes pensaient que le découplage ou la séparation économique ne pouvait pas vraiment se produire en raison de la grande interdépendance des chaînes d'approvisionnement, des économies et de la technologie, mais les préoccupations en matière de sécurité et les conflits de gouvernance ont contribué à pousser les pays à faire l'impensable, malgré les coûts exorbitants.

Les pays disposant d'un marché intérieur important ou de voisins de taille ont réussi à réorienter leur économie, mais de nombreuses économies en développement disposant de ressources et d'un accès au marché limités ont été durement touchées par l'assèchement des marchés d'importation et d'exportation. La stagnation économique a engendré une insécurité généralisée en Afrique, au Moyen-Orient et en Asie du Sud, alimentant un repli sur des identités ethniques et religieuses infranationales, des sociétés sous tension, des États fragmentés et une instabilité croissante. De nouvelles vagues de migrants se sont dirigées vers les pays développés dans l'espoir d'échapper à la pauvreté, à la mauvaise gouvernance et à des conditions environnementales de plus en plus difficiles. Leurs espoirs ont été anéantis par les pressions politiques qui ont incité les pays de destination à bloquer la plupart des migrations.

À mesure que les barrières physiques ont été dressées, la dépendance à l'égard du commerce et des communications numériques a grimpé en flèche, mais la combinaison de difficultés de gestion de l'information et de violations répétées de la sécurité des données a conduit les États dotés de solides cyber-contrôles, comme la Chine et l'Iran, à renforcer leurs cyberbarricades. Par ailleurs, les États qui défendaient autrefois un accès à Internet ouvert ont mis en place de nouveaux réseaux fermés et protégés afin de limiter les menaces et de filtrer les idées indésirables. En 2040, seuls les États-Unis et quelques-uns de leurs alliés les plus proches conservaient un semblant d'accès ouvert à Internet, tandis que la plupart des pays du monde opéraient derrière de puissants pare-feu.

Les liens commerciaux et financiers qui définissaient l'ère antérieure à la mondialisation ayant été rompus, des blocs économiques et de sécurité se sont formés autour des États-Unis, de la Chine, de l'UE, de la Russie et de l'Inde. Les petites puissances et d'autres États ont rejoint ces blocs pour se protéger, mettre en commun leurs ressources et maintenir au moins certaines efficacités économiques. Les progrès de l'IA, des technologies énergétiques et de la fabrication additive ont aidé certains États à s'adapter et à rendre les blocs économiquement viables, mais les prix des biens de consommation ont augmenté de façon spectaculaire. Les États incapables de rejoindre un bloc ont été laissés pour compte et isolés.

Les liens de sécurité n'ont pas complètement disparu. Les États menacés par de puissants voisins ont cherché à établir des liens de sécurité avec d'autres puissances pour leur propre protection ou ont accéléré leurs programmes de développement d'armes nucléaires, comme garantie de leur sécurité. De petits conflits ont éclaté à la périphérie de ces nouveaux blocs, notamment pour des ressources rares ou des opportunités émergentes, comme l'Arctique et l'espace. Les pays plus pauvres sont devenus de plus en plus instables, et, comme les grandes puissances et l'ONU ne semblent pas vouloir intervenir pour rétablir l'ordre, les conflits sont devenus endémiques, exacerbant d'autres problèmes. Faute d'efforts coordonnés et multilatéraux pour atténuer les émissions et faire face aux changements climatiques, peu de choses ont été faites pour ralentir les émissions de gaz à effet de serre, et certains États ont expérimenté la géoingénierie avec des conséquences désastreuses.

CONCLUSIONS CLÉS

- La séparation des économies entraîne des conséquences désastreuses, notamment des pertes financières massives pour les pays et les entreprises, car les chaînes d'approvisionnement se brisent, les marchés décrochent à leur tour, et les secteurs autrefois lucratifs, comme le tourisme, diminuent. Les économies qui en résultent sont moins vulnérables aux futures perturbations de la chaîne d'approvisionnement, mais aussi moins efficaces.

- Les grands pays disposant de ressources abondantes, de peu d'ennemis proches et de frontières défendables, comme les États-Unis et le Canada, sont mieux à même de s'adapter que la plupart des autres. L'accent mis sur l'autosuffisance rend certains États plus résilients, même si d'autres sombrent.

- Pour maintenir la stabilité intérieure de ce monde, les États adoptent des modèles politiques mixtes combinant des éléments de démocratie et d'autoritarisme, augmentant la surveillance et la répression. De nombreux États se tournent vers des formes de nationalisme pour unifier les populations majoritaires contre les ennemis étrangers.

- Incapable d'attirer des talents au niveau mondial ou de maintenir une collaboration internationale stable, l'innovation technologique s'atrophie. Les pays riches commencent à compenser en transférant des ressources vers le domaine de l'éducation.

- Les organisations internationales et les actions collectives visant à lutter contre le changement climatique, les disparités en matière de soins de santé et la pauvreté vacillent. Les pays s'adaptent de façon indépendante aux impacts des catastrophes, ce qui les encourage à prendre des solutions risquées.

- Focalisées sur la sécurité intérieure, les plus grandes armées du monde évitent les conflits directs. Les blocs rivaux se battent pour obtenir des ressources devenues rares, ce qui provoque des guerres plus petites ou d'autres événements susceptibles de détourner l'attention des problèmes nationaux et de s'attirer le soutien du public contre les ennemis étrangers. Les armes nucléaires prolifèrent.

SCÉNARIO 5

Tragédie et mobilisation

En 2040, une coalition mondiale dirigée par l'Union européenne et la Chine, en collaboration avec des organisations non gouvernementales et des institutions multilatérales revitalisées, met en œuvre des changements profonds destinés à lutter contre le changement climatique, l'épuisement des ressources et la pauvreté à la suite d'une catastrophe alimentaire mondiale causée par les événements climatiques et la dégradation de l'environnement. Les pays riches s'efforcent d'aider les pays pauvres à gérer la crise puis à passer à des économies à faible émission de carbone grâce à de vastes programmes d'aide et à des transferts de technologies énergétiques avancées, conscients de la rapidité avec laquelle ces défis mondiaux s'étendent au-delà des frontières.

Au début des années 2030, le monde était au cœur d'une catastrophe mondiale. La hausse de la température et de l'acidité des océans a dévasté les principales pêcheries, déjà mises à mal par des années de surpêche. Dans le même temps, les changements dans les régimes de précipitations ont réduit les récoltes dans les principales zones de production céréalière du monde entier, faisant grimper les prix des denrées alimentaires, déclenchant une thésaurisation généralisée et perturbant la distribution des denrées alimentaires, entraînant une famine mondiale. Une vague de protestation contre l'incapacité des gouvernements à répondre aux besoins humains s'est répandue à travers le monde et a fait tomber des dirigeants et des régimes. Dans l'un des nombreux incidents survenus en Occident, des milliers de personnes ont été tuées en trois jours de violences à Philadelphie, déclenchées par des rumeurs de pénurie de pain sur les médias sociaux.

Les famines en cours ont catalysé un mouvement mondial qui préconisait un changement systémique audacieux pour résoudre les problèmes environnementaux. Dans le monde entier, les jeunes générations, façonnées par la pandémie de Covid-19 et traumatisées par la peur de manquer de nourriture, se sont unies par-delà les frontières pour vaincre l'opposition aux réformes, accusant les générations plus âgées de détruire leur planète. Ils ont apporté leur soutien aux ONG et aux organisations de la société civile qui participaient aux efforts de secours et développé un soutien mondial plus large que celui des gouvernements, accusés d'avoir laissé tomber leurs populations. Au fur et à mesure du développement du mouvement, il s'est attaqué à d'autres problèmes, notamment la santé mondiale et la pauvreté.

Après que les partis verts ont remporté les élections démocratiques dans plusieurs pays européens entre 2034 et 2036, l'UE a lancé une campagne au sein des Nations unies afin d'étendre considérablement les programmes d'aide internationale et de fixer une nouvelle date limite pour atteindre les objectifs de développement durable de l'ONU d'ici 2050. Fortement touchée par la famine et désireuse d'apaiser les troubles dans ses grandes villes, la Chine a annoncé son soutien à l'effort de l'UE, que le Parti communiste chinois a présenté comme une nouvelle mission patriotique nationale et le type de restructuration mondiale qu'il préconise depuis longtemps. D'autres pays, dont l'Australie, le Canada et les États-Unis, ont lentement rejoint le mouvement. Les partis écologistes gagnent en force politique et remportent plusieurs élections, malgré la résistance persistante de certains groupes nationaux estimant que leur pays est mieux placé pour s'adapter au changement climatique et que la priorité doit être donnée aux industries domestiques et aux circonscriptions.

L'initiative de l'UE a abouti à la création d'une nouvelle organisation internationale, le Conseil de sécurité humaine, en coopération avec les pays en développement. Cette organisation s'est concentrée sur les défis de la sécurité transnationale du XXIe siècle. Ouverte à la fois aux États et aux acteurs non étatiques, l'adhésion exigeait un engagement à prendre des mesures contrôlables pour améliorer la sécurité alimentaire, sanitaire et environnementale, même si ces mesures étaient perçues comme douloureuses pour les États et les groupes les plus riches. Les membres pouvaient facilement être expulsés en cas de non-conformité et faire face à des réactions populaires et à des boycotts, à l'instar du mouvement anti-apartheid du siècle dernier. En 2038, les attitudes mondiales à l'égard de l'environnement et de la sécurité humaine ont été transformées par la reconnaissance croissante de la non-durabilité des pratiques passées.

Les États et les grandes entreprises ont concentré leurs investissements pour faire avancer les solutions technologiques aux problèmes d'alimentation, de climat et de santé et fournir une aide essentielle aux populations les plus durement touchées. Les objectifs des entreprises se sont élargis pour servir un plus grand nombre de parties prenantes, y compris les clients, les employés, les fournisseurs et les communautés.

Tout le monde n'a pas suivi le mouvement. La Russie et certains États de l'Organisation des pays exportateurs de pétrole ont résisté au changement, et certaines communautés ont trouvé que la nouvelle éthique mondiale menaçait les valeurs traditionnelles et les systèmes de patronage. Les extrémistes ont eu recours aux cyberattaques et au terrorisme pour attirer l'attention sur leurs causes. Les États ayant de puissants intérêts énergétiques, comme l'Iran, la Russie et certains États arabes du Golfe, ont été confrontés à des mouvements politiques perturbateurs qui risquent d'entraîner une période prolongée de conflits politiques et sociaux.

CONCLUSIONS CLÉS

- Une menace existentielle catalyse un mouvement social qui transforme la coopération multilatérale, perturbe les incitations économiques et offre aux acteurs non étatiques une plus grande influence.

- La compétition pour le pouvoir entre les différents États est réorientée vers des défis mondiaux plus urgents ; la hiérarchie géopolitique est remaniée, créant des partenariats autrefois improbables entre les partis politiques européens progressistes et le Parti communiste chinois. L'Europe prend la tête de la promotion du développement durable, tandis que la Chine adopte et promeut les nouvelles technologies énergétiques.

- Les pays dépendant des industries des combustibles fossiles sont les plus lents à s'engager dans la révolution mondiale, ce qui crée un retour de bâton pour leurs dirigeants, leurs produits et leurs marques. Les implications de second et de troisième ordre des nouveaux mouvements politiques créent des défis à long terme pour leurs économies.

- Avec un large soutien populaire, les ONG, les organisations multilatérales et les groupes d'activistes ont une capacité sans précédent de peser sur les nouvelles normes, de mobiliser des ressources, de demander des comptes aux contrevenants et d'inciter les États à agir. Dans certains cas, les priorités mondiales prennent le pas sur les intérêts nationaux.

Prévisions régionales

Cette section du rapport présente des projections sur vingt ans des principales tendances démographiques dans neuf régions : Amérique latine et Caraïbes ; Europe ; Russie et Eurasie ; Moyen-Orient et Afrique du Nord ; Afrique subsaharienne ; Asie du Sud ; Asie du Nord-Est ; Asie du Sud-Est ; Océanie. Les projections comprennent des tendances démographiques telles que la croissance de la population, les taux d'urbanisation, l'âge médian, le PIB par habitant, l'incidence des maladies non transmissibles et l'affiliation religieuse. Les graphiques soulignent également l'état de la démocratie dans chaque région, sa préparation à l'économie numérique et les effets physiques potentiels du changement climatique. Nous avons une confiance modérée dans nos perspectives en termes de croissance démographique, de pyramide des âges et d'âge médian, car ces mesures sont extrapolées directement à partir des taux de fécondité et de mortalité existants, ainsi que des décennies de tendances démographiques observées. Nous avons un degré de confiance plus faible dans les perspectives relatives à l'urbanisation, au PIB par habitant, au changement climatique, à la préparation au numérique et à l'augmentation des maladies non transmissibles, qui peuvent varier en fonction des choix humains, ce qui implique un plus grand potentiel d'erreur.

Comparaison d'une sélection d'éléments démographiques régionaux

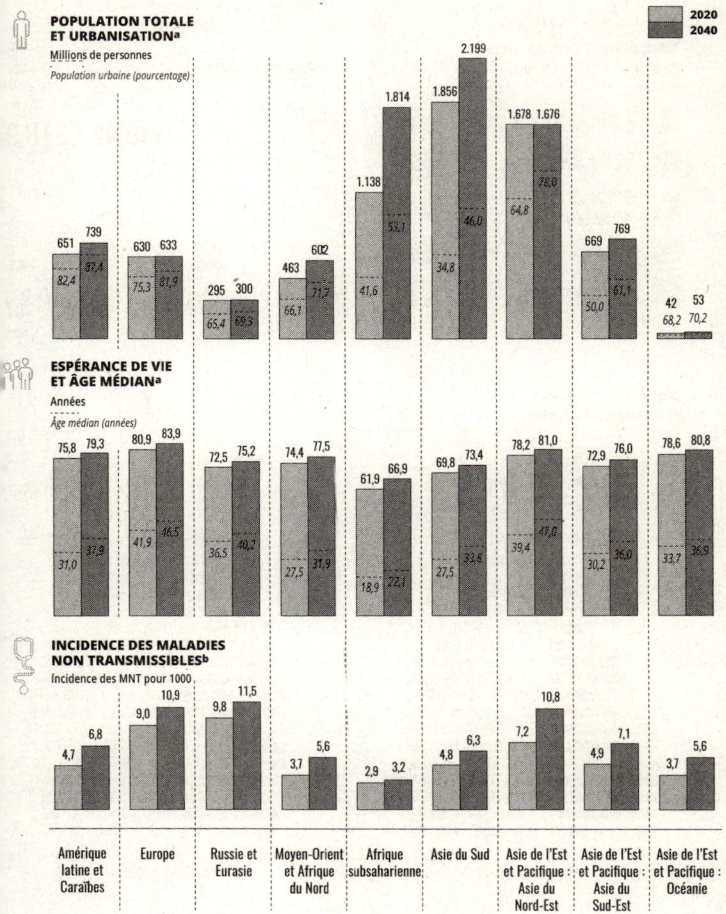

[a] *Division de la population des Nations unies.* | [b] *IHME et Centre Pardee Université de Denver.*

AMÉRIQUE LATINE ET CARAÏBES

CINQ PLUS GRANDES VILLES[a]
Par population en 2035 (millions)

1	MEXICO, MEXIQUE	25,4
2	SAO PAULO, BRÉSIL	24,5
3	BUENOS AIRES, ARGENTINE	17,1
4	RIO DE JANEIRO, BRÉSIL	14,8
5	LIMA, PÉROU	13,0

PIB PAR HABITANT[b]

US$ à parité de pouvoir d'achat	2020	2040
	$13,4K	$18,9

RELIGION[c]

	Catholique	Agnostique/Athée	Autre
2020	92,1%	4,1%	3,8
2040	90,9%	5,3%	3,7

2020
PYRAMIDE DES ÂGES[a]

Moins de 15	15-64	65+
23,9%	67,2%	8,9%

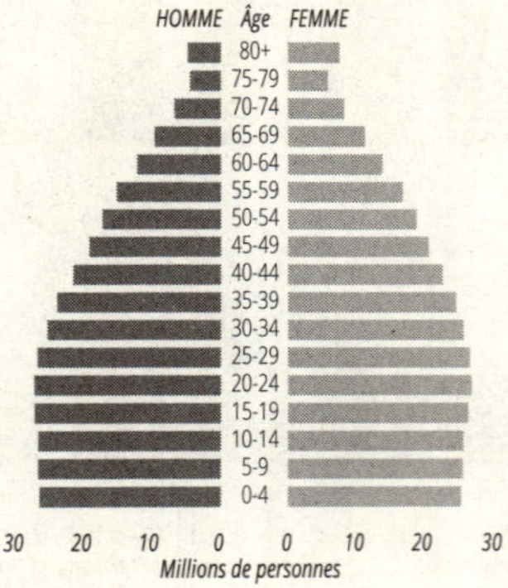

2040
PYRAMIDE DES ÂGES[a]

Moins de 15	15-64	65+
18,8%	65,9%	15,2%

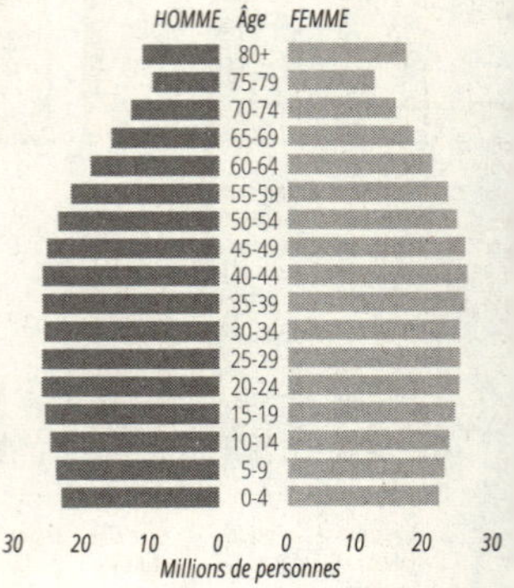

[a] Division de la population des Nations unies. | [b] Oxford Economics. | [c] Base de données mondiale sur les religions.

20
PES DE
OUVERNEMENTS[a]
mbre de pays

émocraties libérales 3

ganisent des élections multipartites
es et équitables et garantissent la liberté
parole et d'expression. Les démocraties
érales respectent également l'État de droit
imposent des contraintes au pouvoir
écutif.

émocraties électorales 16

ganisent des élections multipartites
es et équitables et garantissent la liberté
parole et d'expression, mais ne
pectent pas l'État de droit et/ou
nt pas de contraintes sur l'exécutif.

utocraties électorales 5

ganisent des élections mais elles ne sont
libres, équitables et multipartites,
ou le gouvernement ne garantit pas
liberté de parole et d'expression.

utocraties fermées 1

organisent même pas d'élections
ultipartites pour le chef de l'exécutif.

Varieties of Democracy, 2020.
nombre de pays inclus dans
tte étude peut ne pas être égal
u nombre indiqué séparément
us « Régions sélectionnées ».

2019[b]
PRÉPARATION POUR ÉCONOMIE NUMÉRIQUE

Utilisateurs d'Internet (part de la population)[c]
0 — 55,2 % — 100

Compétences numériques de la main-d'œuvre[d]
1 = pas du tout — 3,4 — dans une grande mesure = 7

Indice de mondialisation de l'information[e]
1 = bas — 83,7 — haut = 100

[b] 2019 ou dernières données disponibles.
[c] Union internationale des télécommunications.
[d] Forum économique mondial.
[e] Indice de globalisation du KOF.

2040
TEMPÉRATURE, SÉCHERESSE ET OURAGANS

Cette carte[f] illustre les changements probables de la température maximale, la sécheresse et l'activité des ouragans/cyclones en 2040 – par rapport à la base de référence 1980-2005 – dans les conditions spécifiées par le Groupe d'experts intergouvernemental sur l'évolution du climat (GIEC) des Nations unies dans le cadre du scénario RCP 4,5. Alors que plusieurs mesures de température différentes auraient pu être utilisées, la température maximale du jour le plus chaud de l'année a été choisie compte tenu des graves coûts humains, agricoles et économiques associés aux vagues de chaleur. Lorsqu'ils sont combinés à des sécheresses plus longues, ces effets sont multipliés.

0 — 2,5
Augmentation de la température du jour le plus chaud, Celsius

Augmentation de la plus longue sécheresse annuelle de 2,5 jours ou plus

Augmentation de l'activité des ouragans majeurs

[f] Données : Clemens Schwingshackl, Jana Sillman et le Centre pour la recherche internationale sur le climat et l'environnement.
Graphique : Centre Pardee de l'Université de Denver.

EUROPE

CINQ PLUS GRANDES VILLES[a]

Par population en 2035 (millions)

1	ISTANBUL, TURQUIE	18,0
2	PARIS, FRANCE	12,1
3	LONDRES, ROYAUME-UNI	10,6
4	MADRID, ESPAGNE	7,0
5	ANKARA, TURQUIE	6,2

PIB PAR HABITANT[b]

US$ à parité de pouvoir d'achat	2020	2040
	$37,2K	$51,0K

RELIGION[c]

	Chrétienne	Musulmane	Agnostique/Athée
2020	63,7%	18,8%	16,5%
2040	58,5%	21,6%	18,7%

2020

PYRAMIDE DES ÂGES[a]

Moins de 15	15-64	65+
16,6%	64,6%	18,8%

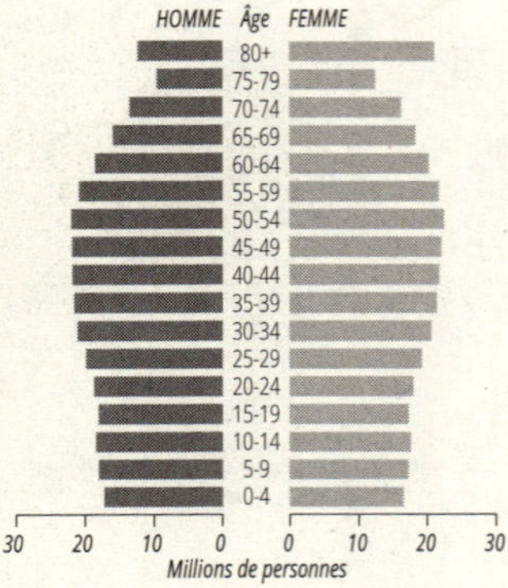

2040

PYRAMIDE DES ÂGES[a]

Moins de 15	15-64	65+
14,5%	59,5%	26,0%

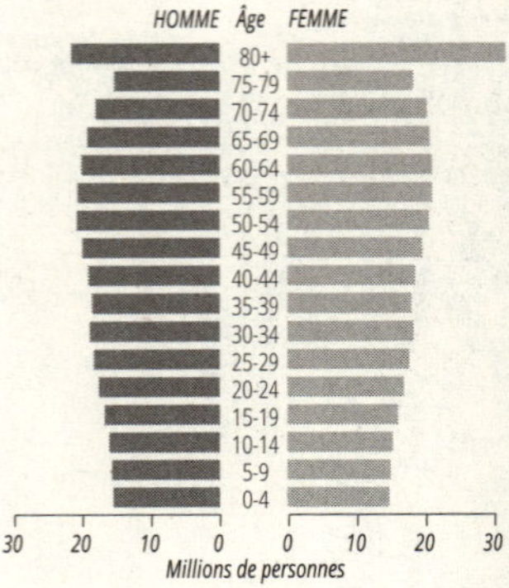

[a] Division de la population des Nations unies. | [b] Oxford Economics. | [c] Base de données mondiale sur les religions.

DE
ERNEMENTS[a]
: de pays

craties libérales 19

sent des élections multipartites
t équitables et garantissent la
de parole et d'expression. Les
raties libérales respectent
ent l'État de droit et imposent
traintes au pouvoir exécutif.

raties électorales 13

sent des élections multipartites
t équitables et garantissent la
de parole et d'expression, mais
ectent pas l'État de droit et/ou
as de contraintes sur l'exécutif.

raties électorales 3

sent des élections mais elles ne
s libres, équitables et
rtites, et/ou le gouvernement
ntit pas la liberté de parole et
ssion.

raties fermées 0

nisent même pas d'élections
artites pour le chef de l'exécutif.

s of Democracy, 2020. Le
e pays inclus dans cette étude peut ne
gal au nombre indiqué séparément
gions sélectionnées ».

2019[b]

PRÉPARATION POUR ÉCONOMIE NUMÉRIQUE

Utilisateurs d'Internet (part de la population)[c]

0 — 78,0% — 100

Compétences numériques de la main-d'œuvre[d]

1 = pas du tout — 4,5 — dans une grande mesure = 7

Indice de mondialisation de l'information[e]

1 = bas — 83,1 — haut = 100

[b] 2019 ou dernières données disponibles.
[c] Union internationale des télécommunications.
[d] Forum économique mondial.
[e] Indice de globalisation du KOF.

2040

TEMPÉRATURE, SÉCHERESSE ET OURAGANS

Cette carte[f] illustre les changements probables de la température maximale, la sécheresse et l'activité des ouragans/cyclones en 2040 – par rapport à la base de référence 1980-2005 – dans les conditions spécifiées par le Groupe d'experts intergouvernemental sur l'évolution du climat (GIEC) des Nations unies dans le cadre du scénario RCP 4,5. Alors que plusieurs mesures de température différentes auraient pu être utilisées, la température maximale du jour le plus chaud de l'année a été choisie compte tenu des graves coûts humains, agricoles et économiques associés aux vagues de chaleur. Lorsqu'ils sont combinés à des sécheresses plus longues, ces effets sont multipliés.

0 — 2,5
Augmentation de la température du jour le plus chaud, Celsius

Augmentation de la plus longue sécheresse annuelle de 2,5 jours ou plus

Augmentation de l'activité des ouragans majeurs

[f] Données : Clemens Schwingshackl, Eana Sillman et le Centre pour la recherche internationale sur le climat et l'environnement.
Graphique : Centre Pardee de l'Université de Denver.

RUSSIE ET EURASIE

CINQ PLUS GRANDES VILLES[a]
Par population en 2035 (millions)

1	MOSCOU, RUSSIE	12,8
2	ST-PÉTERSBOURG, RUSSIE	5,6
3	TACHKENT, OUZBÉKISTAN	3,0
4	KIEV, UKRAINE	3,0
5	BAKOU, AZERBAÏDJAN	2,8

PIB PAR HABITANT[b]

US$ à parité de pouvoir d'achat	2020	2040
	$18,4K	$30,4K

RELIGION[c]

	Chrétienne	Agnostique/Athée	Autre
2020	61,3%	32,5%	5,5
2040	57,6%	38,1%	3,6

2020
PYRAMIDE DES ÂGES[a]

Moins de 15	15-64	65+
21,2%	66,0%	12,8%

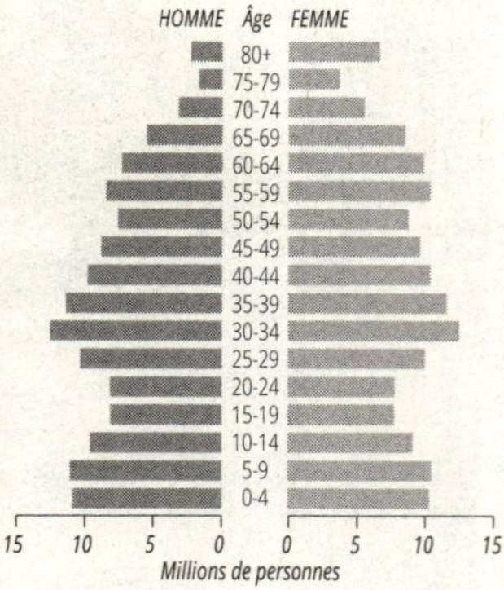

2040
PYRAMIDE DES ÂGES[a]

Moins de 15	15-64	65+
18,0%	64,9%	17,1%

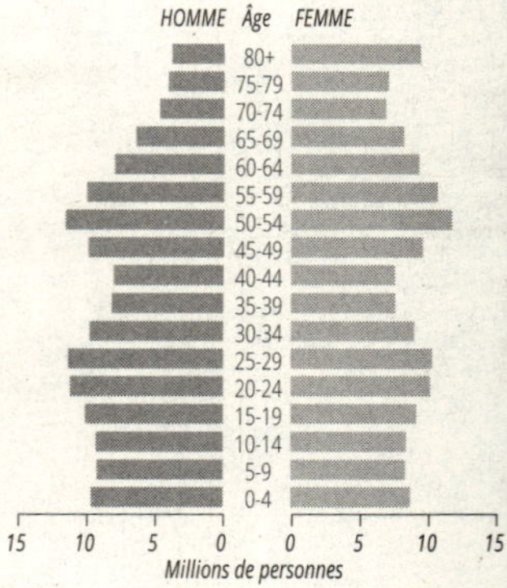

[a] *Division de la population des Nations unies.* | [b] *Oxford Economics.* | [c] *Base de données mondiale sur les religions.*

2020
TYPES DE GOUVERNEMENTS[a]
Nombre de pays

Démocraties libérales 0

Organisent des élections multipartites libres et équitables et garantissent la liberté de parole et d'expression. Les démocraties libérales respectent également l'État de droit et imposent des contraintes au pouvoir exécutif.

Démocraties électorales 3

Organisent des élections multipartites libres et équitables et garantissent la liberté de parole et d'expression, mais ne respectent pas l'État de droit et/ou n'ont pas de contraintes sur l'exécutif.

Autocraties électorales 8

Organisent des élections mais elles ne sont pas libres, équitables et multipartites, et/ou le gouvernement ne garantit pas la liberté de parole et d'expression.

Autocraties fermées 1

N'organisent même pas d'élections multipartites pour le chef de l'exécutif.

Varieties of Democracy, 2020. Le nombre de pays inclus dans cette étude peut ne pas être égal au nombre indiqué séparément sous « Régions sélectionnées ».

2019[b]
PRÉPARATION POUR ÉCONOMIE NUMÉRIQUE

Utilisateurs d'Internet (part de la population)[c]
0 — 54,7% — 100

Compétences numériques de la main-d'œuvre[d]
1 = pas du tout — 3,9 — dans une grande mesure = 7

Indice de mondialisation de l'information[e]
1 = bas — 79,2 — haut = 100

[b] 2019 ou dernières données disponibles.
[c] Union internationale des télécommunications.
[d] Forum économique mondial.
[e] Indice de globalisation du KOF.

2040
TEMPÉRATURE, SÉCHERESSE ET OURAGANS

Cette carte[f] illustre les changements probables de la température maximale, la sécheresse et l'activité des ouragans/cyclones en 2040 – par rapport à la base de référence 1980-2005 – dans les conditions spécifiées par le Groupe d'experts intergouvernemental sur l'évolution du climat (GIEC) des Nations unies dans le cadre du scénario RCP 4,5. Alors que plusieurs mesures de température différentes auraient pu être utilisées, la température maximale du jour le plus chaud de l'année a été choisie compte tenu des graves coûts humains, agricoles et économiques associés aux vagues de chaleur. Lorsqu'ils sont combinés à des sécheresses plus longues, ces effets sont multipliés.

0 — 2,5
Augmentation de la température du jour le plus chaud, Celsius

Augmentation de la plus longue sécheresse annuelle de 2,5 jours ou plus

Augmentation de l'activité des ouragans majeurs

[f] Données : Clemens Schwingshackl, Jana Sillman et le Centre pour la recherche internationale sur le climat et l'environnement. Graphique : Centre Pardee de l'Université de Denver.

MOYEN-ORIENT ET AFRIQUE DU NORD

CINQ PLUS GRANDES VILLES[a]
Par population en 2035 (millions)

1	LE CAIRE, ÉGYPTE	28,5
2	BAGDAD, IRAK	10,8
3	TÉHÉRAN, IRAN	10,7
4	RIYAD, ARABIE SAOUDITE	9,1
5	ALEXANDRIE, ÉGYPTE	7,2

PIB PAR HABITANT[b]

US$ à parité de pouvoir d'achat	2020	2040
	$15,3K	$19,9K

RELIGION[c]

2020	92,9%	3,9%	1,5
2040	93,2%	3,6%	1,5
	Musulmane	*Chrétienne*	*Juive*

2020
PYRAMIDE DES ÂGES[a]

Moins de 15	*15-64*	*65+*
29,8%	64,8%	5,4%

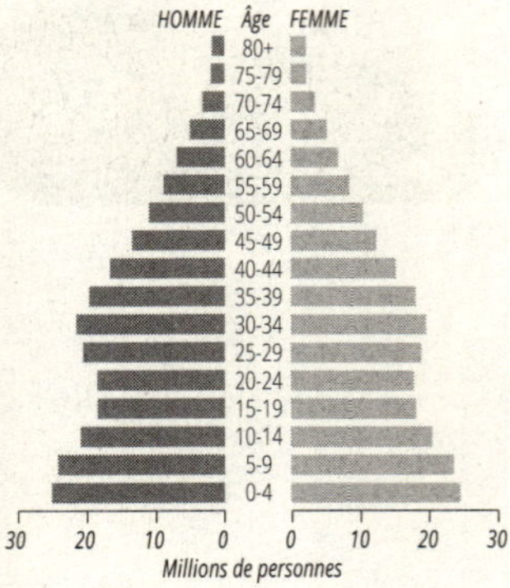

2040
PYRAMIDE DES ÂGES[a]

Moins de 15	*15-64*	*65+*
23,6%	66,5%	9,9%

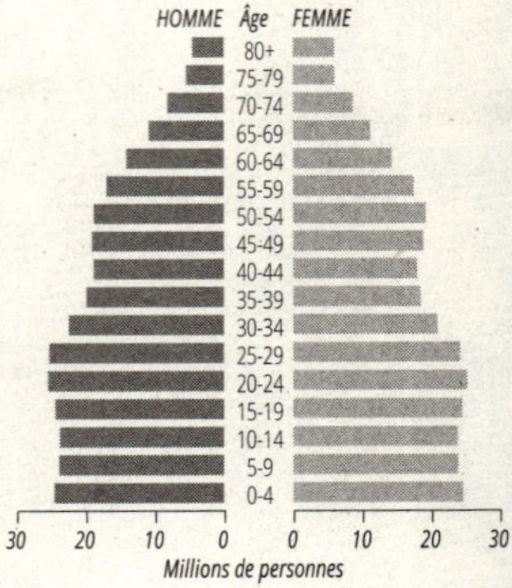

[a] Division de la population des Nations unies. | [b] Oxford Economics. | [c] Base de données mondiale sur les religions.

2020
TYPES DE GOUVERNEMENTS[a]

Nombre de pays

Démocraties libérales	2

Organisent des élections multipartites libres et équitables et garantissent la liberté de parole et d'expression. Les démocraties libérales respectent également l'État de droit et imposent des contraintes au pouvoir exécutif.

Démocraties électorales	0

Organisent des élections multipartites libres et équitables et garantissent la liberté de parole et d'expression, mais ne respectent pas l'État de droit et/ou n'ont pas de contraintes sur l'exécutif.

Autocraties électorales	5

Organisent des élections mais elles ne sont pas libres, équitables et multipartites, et/ou le gouvernement ne garantit pas la liberté de parole et d'expression.

Autocraties fermées	12

N'organisent même pas d'élections multipartites pour le chef de l'exécutif.

[a] *Varieties of Democracy, 2020. Le nombre de pays inclus dans cette étude peut ne pas être égal au nombre indiqué séparément sous « Régions sélectionnées ».*

2019[b] **PRÉPARATION POUR ÉCONOMIE NUMÉRIQUE**

Utilisateurs d'Internet (part de la population)[c]

0 ······ 42,9 % ······ 100

Compétences numériques de la main-d'œuvre[d]

1 = pas du tout ······ 3,6 ······ dans une grande mesure = 7

Indice de mondialisation de l'information[e]

1 = bas ······ 69,8 ······ haut = 100

[b] *2019 ou dernières données disponibles.*
[c] *Union internationale des télécommunications.*
[d] *Forum économique mondial.*
[e] *Indice de globalisation du KOF.*

2040
TEMPÉRATURE, SÉCHERESSE ET OURAGANS

Cette carte[f] illustre les changements probables de la température maximale, la sécheresse et l'activité des ouragans/cyclones en 2040 – par rapport à la base de référence 1980-2005 – dans les conditions spécifiées par le Groupe d'experts intergouvernemental sur l'évolution du climat (GIEC) des Nations unies dans le cadre du scénario RCP 4,5. Alors que plusieurs mesures de température différentes auraient pu être utilisées, la température maximale du jour le plus chaud de l'année a été choisie compte tenu des graves coûts humains, agricoles et économiques associés aux vagues de chaleur. Lorsqu'ils sont combinés à des sécheresses plus longues, ces effets sont multipliés.

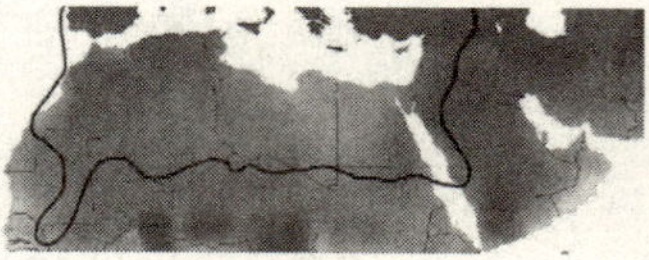

0 — 2,5

Augmentation de la température du jour le plus chaud, Celsius

Augmentation de la plus longue sécheresse annuelle de 2,5 jours ou plus

Augmentation de l'activité des ouragans majeurs

[f] *Données : Clemens Schwingshackl, Eana Sillman et le Centre pour la recherche internationale sur le climat et l'environnement. Graphique : Centre Pardee de l'Université de Denver.*

AFRIQUE SUBSAHARIENNE

CINQ PLUS GRANDES VILLES[a]
Par population en 2035 (millions)

1	*KINSHASA, DRC*	26,7
2	*LAGOS, NIGÉRIA*	24,4
3	*LUANDA, ANGOLA*	14,5
4	*DAR ES SALAM, TANZANIE*	13,4
5	*KHARTOUM, SOUDAN*	9,6

PIB PAR HABITANT[b]

US$ à parité de pouvoir d'achat	**2020**	**2040**
	$3,6K	$4,7K

RELIGION[c]

	Chétienne	*Musumane*	*Ethniqu*
2020	57,2%	32,2%	9,3
2040	58,1%	33,7%	7,1

2020
PYRAMIDE DES ÂGES[a]

Moins de 15	15-64	65+
42,0%	55,0%	3,0%

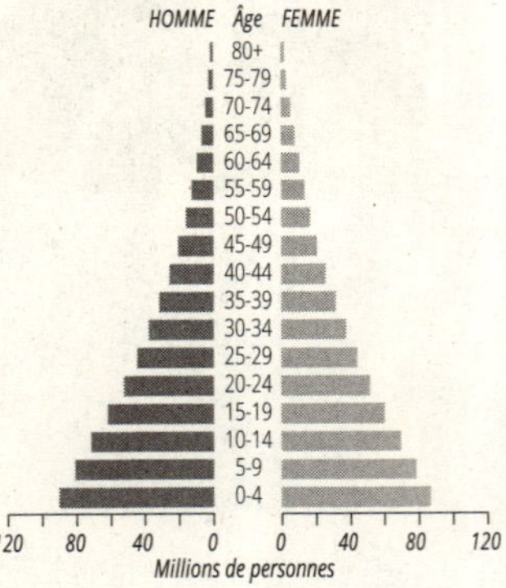

2040
PYRAMIDE DES ÂGES[a]

Moins de 15	15-64	65+
36,0%	60,0%	3,9%

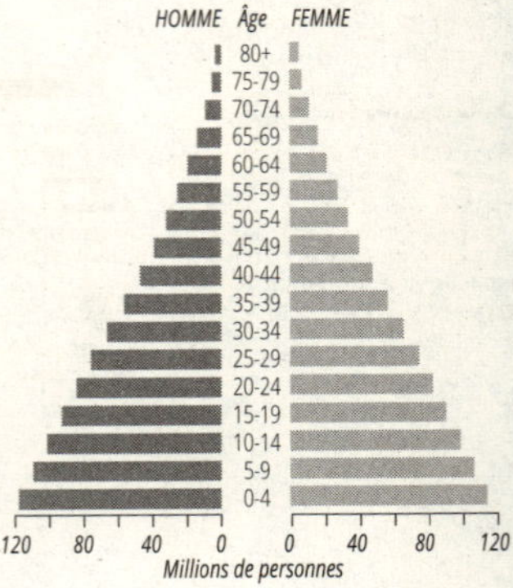

[a] *Division de la population des Nations unies.* | [b] *Oxford Economics.* | [c] *Base de données mondiale sur les religions.*

2020
TYPES DE GOUVERNEMENTS[a]

Nombre de pays

Démocraties libérales 1

Organisent des élections multipartites libres et équitables et garantissent la liberté de parole et d'expression. Les démocraties libérales respectent également l'État de droit et imposent des contraintes au pouvoir exécutif.

Démocraties électorales 17

Organisent des élections multipartites libres et équitables et garantissent la liberté de parole et d'expression, mais ne respectent pas l'État de droit et/ou n'ont pas de contraintes sur l'exécutif.

Autocraties électorales 27

Organisent des élections mais elles ne sont pas libres, équitables et multipartites, et/ou le gouvernement ne garantit pas la liberté de parole et d'expression.

Autocraties fermées 5

N'organisent même pas d'élections multipartites pour le chef de l'exécutif.

[a] Varieties of Democracy, 2020. Le nombre de pays inclus dans cette étude peut ne pas être égal au nombre indiqué séparément sous « Régions sélectionnées ».

2019[b]
PRÉPARATION POUR ÉCONOMIE NUMÉRIQUE

Utilisateurs d'Internet (part de la population)[c]

0 .... 17,6% 100

Compétences numériques de la main-d'œuvre[d]

1 = pas du tout .... 2,7 .... dans une grande mesure = 7

Indice de mondialisation de l'information[e]

1 = bas .... 61,0 .... haut = 100

[b] 2019 ou dernières données disponibles.
[c] Union internationale des télécommunications.
[d] Forum économique mondial.
[e] Indice de globalisation du KOF.

2040
TEMPÉRATURE, SÉCHERESSE ET OURAGANS

Cette carte[f] illustre les changements probables de la température maximale, la sécheresse et l'activité des ouragans/cyclones en 2040 – par rapport à la base de référence 1980-2005 – dans les conditions spécifiées par le Groupe d'experts intergouvernemental sur l'évolution du climat (GIEC) des Nations unies dans le cadre du scénario RCP 4,5. Alors que plusieurs mesures de température différentes auraient pu être utilisées, la température maximale du jour le plus chaud de l'année a été choisie compte tenu des graves coûts humains, agricoles et économiques associés aux vagues de chaleur. Lorsqu'ils sont combinés à des sécheresses plus longues, ces effets sont multipliés.

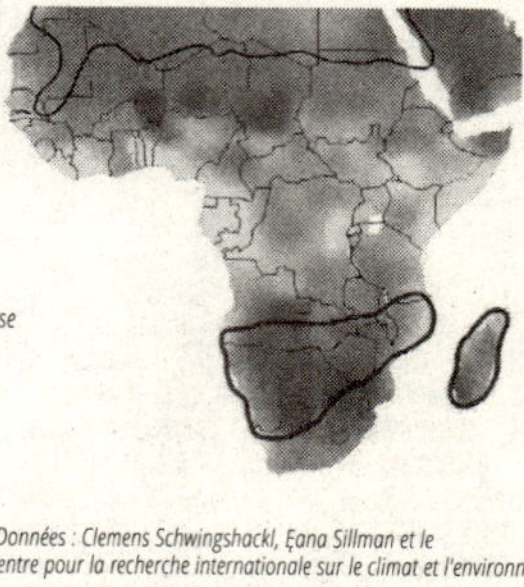

0 – 2,5
Augmentation de la température du jour le plus chaud, Celsius

Augmentation de la plus longue sécheresse annuelle de 2,5 jours ou plus

Augmentation de l'activité des ouragans majeurs

[f] Données : Clemens Schwingshackl, Ezana Sillman et le Centre pour la recherche internationale sur le climat et l'environnement. Graphique : Centre Pardee de l'Université de Denver.

ASIE DU SUD

CINQ PLUS GRANDES VILLES[a]
Par population en 2035 (millions)

1	NEW DELHI, INDE	43,3
2	DHAKA, BANGLADESH	31,2
3	MUMBAI, INDE	27,3
4	KARACHI, PAKISTAN	23,1
5	CALCUTTA, INDE	19,6

PIB PAR HABITANT[b]
US$ à parité de pouvoir d'achat

2020	2040
$5,9K	$15,7

RELIGION[c]

	Hindouiste	Musulmane	Chrétienne	Ethnique
2020	56,4%	32,1%	4,1%	3,0
2040	53,9%	34,3%	4,8%	2,4

2020
PYRAMIDE DES ÂGES[a]

Moins de 15	15-64	65+
27,6%	66,3%	6,1%

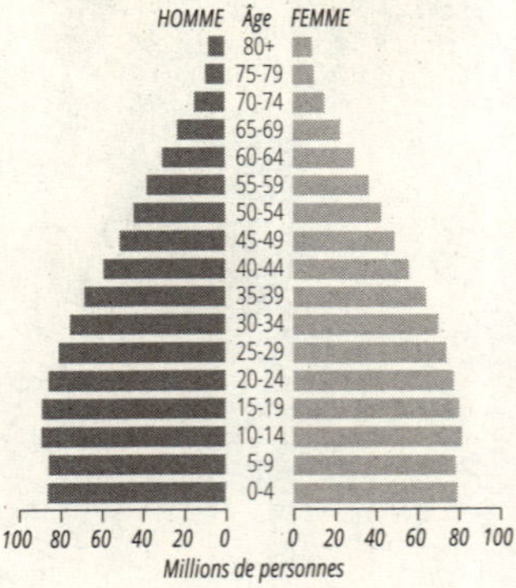

2040
PYRAMIDE DES ÂGES[a]

Moins de 15	15-64	65+
21,8%	68,1%	10,1%

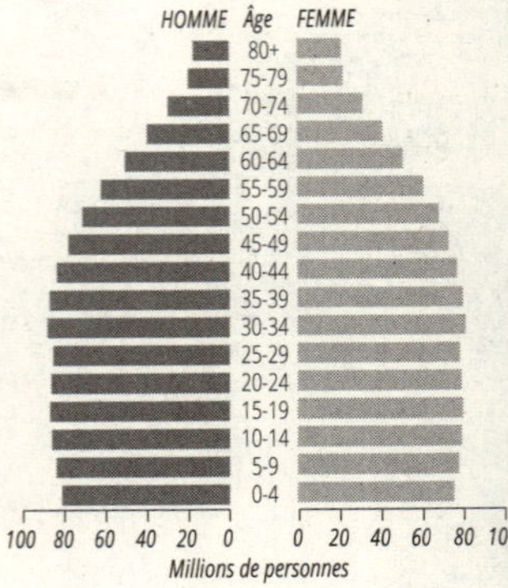

[a] Division de la population des Nations unies. | [b] Oxford Economics. | [c] Base de données mondiale sur les religions.

2020
TYPES DE GOUVERNEMENTS[a]
Nombre de pays .

Démocraties libérales 0

Organisent des élections multipartites libres et équitables et garantissent la liberté de parole et d'expression. Les démocraties libérales respectent également l'État de droit et imposent des contraintes au pouvoir exécutif.

Démocraties électorales 4

Organisent des élections multipartites libres et équitables et garantissent la liberté de parole et d'expression, mais ne respectent pas l'État de droit et/ou n'ont pas de contraintes sur l'exécutif.

Autocraties électorales 4

Organisent des élections mais elles ne sont pas libres, équitables et multipartites, et/ou le gouvernement ne garantit pas la liberté de parole et d'expression.

Autocraties fermées 0

N'organisent même pas d'élections multipartites pour le chef de l'exécutif.

[a] *Varieties of Democracy, 2020. Le nombre de pays inclus dans cette étude peut ne pas être égal au nombre indiqué séparément sous « Régions sélectionnées ».*

2019[b]
PRÉPARATION POUR ÉCONOMIE NUMÉRIQUE

Utilisateurs d'Internet (part de la population)[c]
0 — 25,8 % — 100

Compétences numériques de la main-d'œuvre[d]
1 = pas du tout — 4,2 — dans une grande mesure = 7

Indice de mondialisation de l'information[e]
1 = bas — 72,2 — haut = 100

[b] *2019 ou dernières données disponibles.*
[c] *Union internationale des télécommunications.*
[d] *Forum économique mondial.*
[e] *Indice de globalisation du KOF.*

2040
TEMPÉRATURE, SÉCHERESSE ET OURAGANS

Cette carte[f] illustre les changements probables de la température maximale, la sécheresse et l'activité des ouragahs/cyclones en 2040 – par rapport à la base de référence 1980-2005 – dans les conditions spécifiées par le Groupe d'experts intergouvernemental sur l'évolution du climat (GIEC) des Nations unies dans le cadre du scénario RCP 4,5. Alors que plusieurs mesures de température différentes auraient pu être utilisées, la température maximale du jour le plus chaud de l'année a été choisie compte tenu des graves coûts humains, agricoles et économiques associés aux vagues de chaleur. Lorsqu'ils sont combinés à des sécheresses plus longues, ces effets sont multipliés.

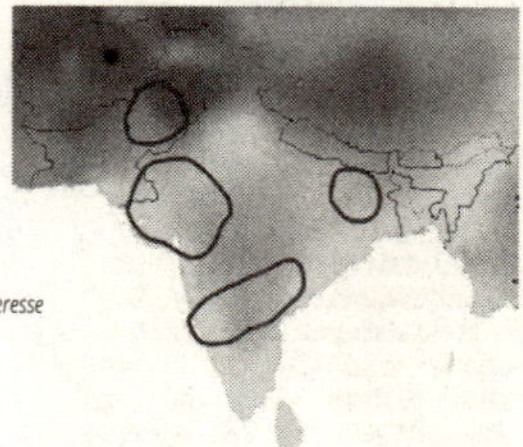

0 — 2,5
Augmentation de la température du jour le plus chaud, Celsius

Augmentation de la plus longue sécheresse annuelle de 2,5 jours ou plus

Augmentation de l'activité des ouragans majeurs

[f] *Données : Clemens Schwingshackl, Eana Sillman et le Centre pour la recherche internationale sur le climat et l'environnement. Graphique : Centre Pardee de l'Université de Denver.*

ASIE DU NORD-EST

CINQ PLUS GRANDES VILLES[a]
Par population en 2035 (millions)

1	*TOKYO, JAPON*	*36,0*
2	*SHANGHAI, CHINE*	*34,3*
3	*BEIJING, CHINE*	*25,4*
4	*CHONGQING, CHINE*	*20,5*
5	*OSAKA, AIRE MÉTROPOLITAINE*	*18,3*

PIB PAR HABITANT[b]

US$ à parité de pouvoir d'achat	2020	2040
	$19,4K	$36,7K

RELIGION[c]

	Agnostique/Athée	Religion populaire chinoise	Bouddhiste	Chrétienne
2020	35,4%	27,2%	19,9%	7,7%
2040	31,1%	25,9%	21,4%	11,6%

2020
PYRAMIDE DES ÂGES[a]

Moins de 15	15-64	65+
17,1%	69,5%	13,4%

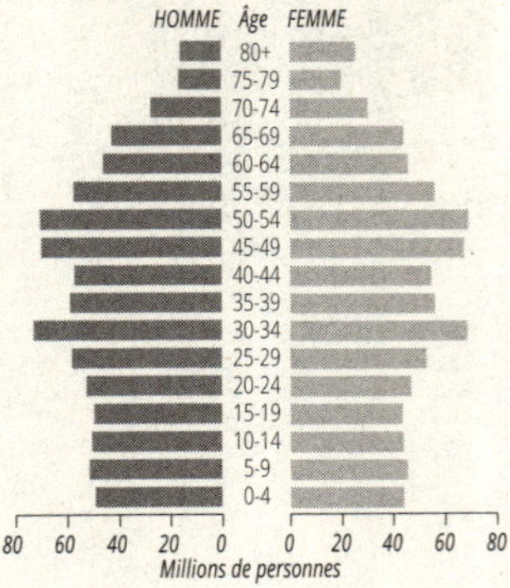

2040
PYRAMIDE DES ÂGES[a]

Moins de 15	15-64	65+
14,0%	61,3%	24,8%

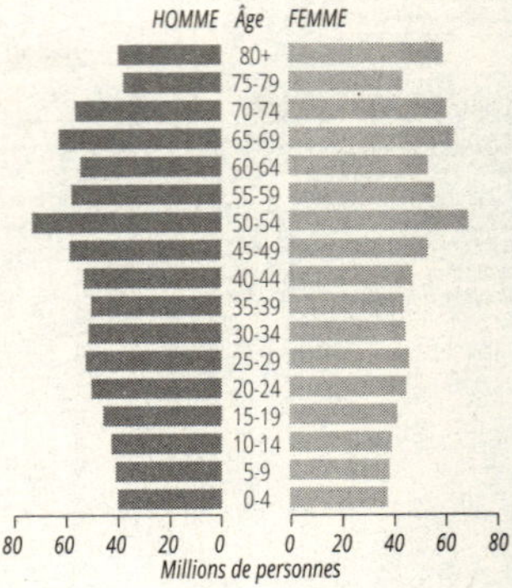

[a] *Division de la population des Nations unies.* | [b] *Oxford Economics.* | [c] *Base de données mondiale sur les religions.*

2020
TYPES DE GOUVERNEMENTS[a]
Nombre de pays

Démocraties libérales 3

Organisent des élections multipartites libres et équitables et garantissent la liberté de parole et d'expression. Les démocraties libérales respectent également l'État de droit et imposent des contraintes au pouvoir exécutif.

Démocraties électorales 1

Organisent des élections multipartites libres et équitables et garantissent la liberté de parole et d'expression, mais ne respectent pas l'État de droit et/ou n'ont pas de contraintes sur l'exécutif.

Autocraties électorales 0

Organisent des élections mais elles ne sont pas libres, équitables et multipartites, et/ou le gouvernement ne garantit pas la liberté de parole et d'expression.

Autocraties fermées 2

N'organisent même pas d'élections multipartites pour le chef de l'exécutif.

[a] *Varieties of Democracy, 2020. Le nombre de pays inclus dans cette étude peut ne pas être égal au nombre indiqué séparément sous « Régions sélectionnées ».*

2019[b]
PRÉPARATION POUR ÉCONOMIE NUMÉRIQUE

Utilisateurs d'Internet (part de la population)[c]
0 — 55,5 % — 100

Compétences numériques de la main-d'œuvre[d]
1 = pas du tout — 4,6 — dans une grande mesure = 7

Indice de mondialisation de l'information[e]
1 = bas — 86,3 — haut = 100

[b] *2019 ou dernières données disponibles.*
[c] *Union internationale des télécommunications*
[d] *Forum économique mondial.*
[e] *Indice de globalisation du KOF.*

2040
TEMPÉRATURE, SÉCHERESSE ET OURAGANS

Cette carte[f] illustre les changements probables de la température maximale, la sécheresse et l'activité des ouragans/cyclones en 2040 – par rapport à la base de référence 1980-2005 – dans les conditions spécifiées par le Groupe d'experts intergouvernemental sur l'évolution du climat (GIEC) des Nations unies dans le cadre du scénario RCP 4,5. Alors que plusieurs mesures de température différentes auraient pu être utilisées, la température maximale du jour le plus chaud de l'année a été choisie compte tenu des graves coûts humains, agricoles et économiques associés aux vagues de chaleur. Lorsqu'ils sont combinés à des sécheresses plus longues, ces effets sont multipliés.

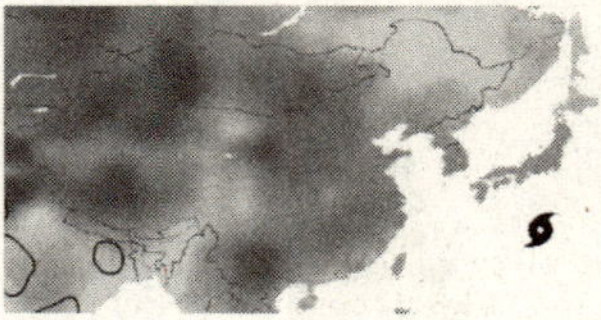

0 — 2,5
Augmentation de la température du jour le plus chaud, Celsius

Augmentation de la plus longue sécheresse annuelle de 2,5 jours ou plus

Augmentation de l'activité des ouragans majeurs

[f] *Données : Clemens Schwingshackl, Ęana Sillman et le Centre pour la recherche internationale sur le climat et l'environnement.*
Graphique : Centre Pardee de l'Université de Denver.

ASIE DU SUD-EST

CINQ PLUS GRANDES VILLES[a]

Par population en 2035 (millions)

1	MANILLE, PHILIPPINES	18,6
2	JAKARTA, INDONÉSIE	13,7
3	BANGKOK, THAÏLANDE	12,7
4	HO CHI MINH VILLE, VIETNAM	12,2
5	KUALA LUMPUR, MALAISIE	10,5

PIB PAR HABITANT[b]

US$ à parité de pouvoir d'achat	2020	2040
	$11,8K	$24,5K

RELIGION[c]

	Musulmane	Bouddhiste	Chrétienne	Ethnique
2020	37,2%	26,1%	22,9%	4,4%
2040	37,0%	25,0%	24,8%	3,8%

2020

PYRAMIDE DES ÂGES[a]

Moins de 15	15-64	65+
25,2%	67,7%	7,1%

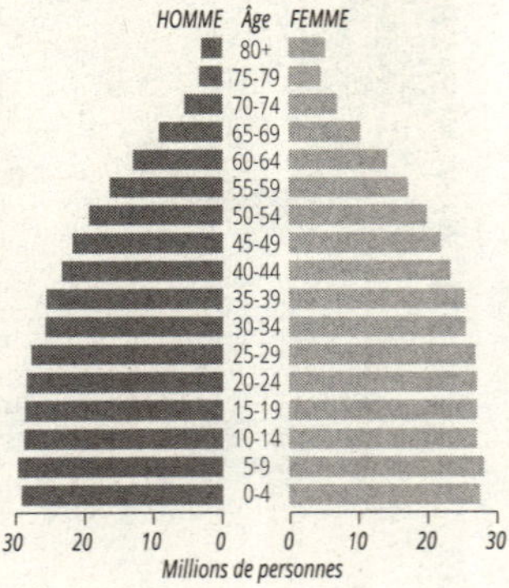

2040

PYRAMIDE DES ÂGES[a]

Moins de 15	15-64	65+
20,3%	66,0%	13,7%

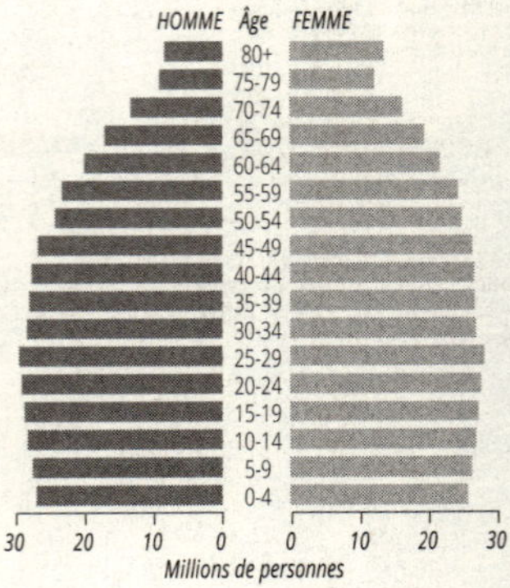

[a] Division de la population des Nations unies. | [b] Oxford Economics. | [c] Base de données mondiale sur les religions.

2020
TYPES DE GOUVERNEMENTS[a]
Nombre de pays

Démocraties libérales 0

Organisent des élections multipartites libres et équitables et garantissent la liberté de parole et d'expression. Les démocraties libérales respectent également l'État de droit et imposent des contraintes au pouvoir exécutif.

Démocraties électorales 2

Organisent des élections multipartites libres et équitables et garantissent la liberté de parole et d'expression, mais ne respectent pas l'État de droit et/ou n'ont pas de contraintes sur l'exécutif.

Autocraties électorales 5

Organisent des élections mais elles ne sont pas libres, équitables et multipartites, et/ou le gouvernement ne garantit pas la liberté de parole et d'expression.

Autocraties fermées 3

N'organisent même pas d'élections multipartites pour le chef de l'exécutif.

[a] *Varieties of Democracy, 2020. Le nombre de pays inclus dans cette étude peut ne pas être égal au nombre indiqué séparément sous « Régions sélectionnées ».*

2019[b]
PRÉPARATION POUR ÉCONOMIE NUMÉRIQUE

Utilisateurs d'Internet (part de la population)[c]
0 — 36,9% — 100

Compétences numériques de la main-d'œuvre[d]
1 = pas du tout — 4,1 — dans une grande mesure = 7

Indice de mondialisation de l'information[e]
1 = bas — 82,9 — haut = 100

[b] *2019 ou dernières données disponibles.*
[c] *Union internationale des télécommunications.*
[d] *Forum économique mondial.*
[e] *Indice de globalisation du KOF.*

2040
TEMPÉRATURE, SÉCHERESSE ET OURAGANS

Cette carte[f] illustre les changements probables de la température maximale, la sécheresse et l'activité des ouragans/cyclones en 2040 – par rapport à la base de référence 1980-2005 – dans les conditions spécifiées par le Groupe d'experts intergouvernemental sur l'évolution du climat (GIEC) des Nations unies dans le cadre du scénario RCP 4,5. Alors que plusieurs mesures de température différentes auraient pu être utilisées, la température maximale du jour le plus chaud de l'année a été choisie compte tenu des graves coûts humains, agricoles et économiques associés aux vagues de chaleur. Lorsqu'ils sont combinés à des sécheresses plus longues, ces effets sont multipliés.

0 — 2,5
Augmentation de la température du jour le plus chaud, Celsius

Augmentation de la plus longue sécheresse annuelle de 2,5 jours ou plus

Augmentation de l'activité des ouragans majeurs

[f] *Données : Clemens Schwingshackl, Ęana Sillman et le Centre pour la recherche internationale sur le climat et l'environnement.*
Graphique : Centre Pardee de l'Université de Denver.

OCÉANIE

CINQ PLUS GRANDES VILLES[a]
Par population en 2035 (millions)

1	MELBOURNE, AUSTRALIE	6,1
2	SYDNEY, AUSTRALIE	5,9
3	BRISBANE, AUSTRALIE	2,9
4	PERTH, AUSTRALIE	2,4
5	AUKLAND, NOUV,-ZÉLANDE	1,9

PIB PAR HABITANT[b]

US$ à parité de pouvoir d'achat	2020	2040
	$34,0K	$43,3K

RELIGION[c]

	Chrétienne	Agnostique/ Athée	Bouddhiste	Musulmane
2020	65,1%	25,3%	2,4%	2,2%
2040	62,1%	27,8%	2,5%	2,4%

2020
PYRAMIDE DES ÂGES[a]

Moins de 15	15-64	65+
23,6%	63,6%	12,8%

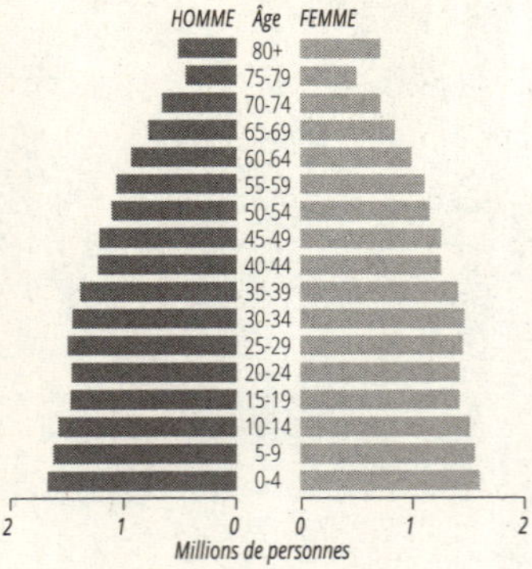

2040
PYRAMIDE DES ÂGES[a]

Moins de 15	15-64	65+
20,9%	62,3%	16,8%

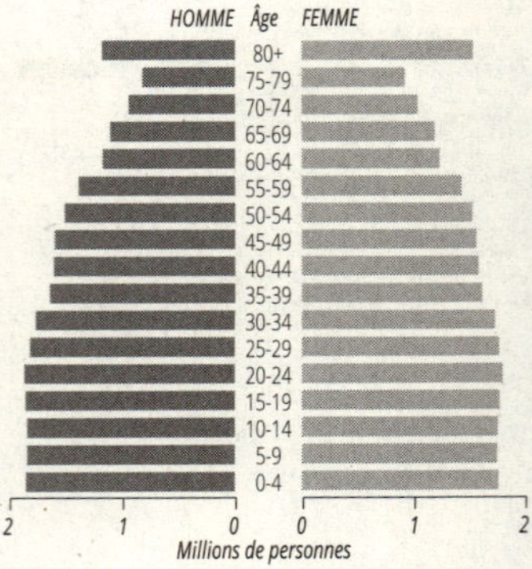

[a] Division de la population des Nations unies. | [b] Oxford Economics. | [c] Base de données mondiale sur les religions.

2020
TYPES DE GOUVERNEMENTS[a]

Nombre de pays

Démocraties libérales 2

Organisent des élections multipartites libres et équitables et garantissent la liberté de parole et d'expression. Les démocraties libérales respectent également l'État de droit et imposent des contraintes au pouvoir exécutif.

Démocraties électorales 2

Organisent des élections multipartites libres et équitables et garantissent la liberté de parole et d'expression, mais ne respectent pas l'État de droit et/ou n'ont pas de contraintes sur l'exécutif.

Autocraties électorales 2

Organisent des élections mais elles ne sont pas libres, équitables et multipartites, et/ou le gouvernement ne garantit pas la liberté de parole et d'expression.

Autocraties fermées 0

N'organisent même pas d'élections multipartites pour le chef de l'exécutif.

[a] *Varieties of Democracy, 2020. Le nombre de pays inclus dans cette étude peut ne pas être égal au nombre indiqué séparément sous « Régions sélectionnées ».*

2019[b]
PRÉPARATION POUR ÉCONOMIE NUMÉRIQUE

Utilisateurs d'Internet (part de la population)[c]

0 — 60,2% — 100

Compétences numériques de la main-d'œuvre[d]

1 = pas du tout — 3,4 — dans une grande mesure = 7

Indice de mondialisation de l'information[e]

1 = bas — 87,5 — haut = 100

[b] *2019 ou dernières données disponibles.*
[c] *Union internationale des télécommunications.*
[d] *Forum économique mondial.*
[e] *Indice de globalisation du KOF.*

2040
TEMPÉRATURE, SÉCHERESSE ET OURAGANS

Cette carte[f] illustre les changements probables de la température maximale, la sécheresse et l'activité des ouragans/cyclones en 2040 – par rapport à la base de référence 1980-2005 – dans les conditions spécifiées par le Groupe d'experts intergouvernemental sur l'évolution du climat (GIEC) des Nations unies dans le cadre du scénario RCP 4,5. Alors que plusieurs mesures de température différentes auraient pu être utilisées, la température maximale du jour le plus chaud de l'année a été choisie compte tenu des graves coûts humains, agricoles et économiques associés aux vagues de chaleur. Lorsqu'ils sont combinés à des sécheresses plus longues, ces effets sont multipliés.

0 — 2,5
Augmentation de la température du jour le plus chaud, Celsius

Augmentation de la plus longue sécheresse annuelle de 2,5 jours ou plus

Augmentation de l'activité des ouragans majeurs

[f] *Données : Clemens Schwingshackl, Ęana Sillman et le Centre pour la recherche internationale sur le climat et l'environnement. Graphique : Centre Pardee de l'Université de Denver.*

Régions et pays sélectionnés

Amérique latine et Caraïbes

Antigua et Barbuda
Argentine
Bahamas
La Barbade
Belize
Bolivie
Brésil
Chili
Colombie
Costa Rica
Cuba
Dominique
El Salvador
Équateur
Grenade
Guatemala
Guyane
Haïti
Honduras
Jamaïque
Mexique
Nicaragua
Panama
Paraguay
Pérou
République dominicaine
Sainte-Lucie
Saint-Kitts-et-Nevis
Saint-Vincent-et-les-Grenadines
Suriname
Trinité-et-Tobago
Uruguay
Vénézuela

Europe

Albanie
Allemagne
Autriche
Belgique
Bosnie-Herzégovine
Bulgarie

Chypre
Croatie
Danemark
Espagne
Estonie
Finlande
France
Grèce
Hongrie
Irlande
Islande
Italie
Kosovo
Lettonie
Lituanie
Luxembourg
Macédoine du Nord
Malte
Monténégro
Norvège
Pays-Bas
Pologne
Portugal
Roumanie
Royaume-Uni
Serbie
Slovaquie
Slovénie
Suède
Suisse
Tchéquie
Turquie

Russie et Eurasie

Arménie
Azerbaïdjan
Biélorussie
Géorgie
Kazakhstan
Kirghizistan
Moldavie
Ouzbékistan
Russie
Tadjikistan
Turkménistan
Ukraine

Afrique subsaharienne

Afrique du Sud
Angola
Bénin
Botswana
Burkina Faso
Burundi
Cameroun
Cap Vert
Comores
Côte d'Ivoire
Djibouti
Érythrée
Eswatini
Éthiopie
Gabon
Gambie
Ghana
Guinée

Guinée équatoriale
Guinée-Bissau
Kenya
Lesotho
Libéria
Madagascar
Malawi
Mali
Maurice
Mauritanie
Mozambique
Namibie
Niger
Nigeria
Ouganda
République centrafricaine
République Démocratique du Congo
République du Congo
Rwanda
Sao Tomé et Principe
Sénégal
Seychelles
Sierra Leone
Somalie
Soudan
Tanzanie
Tchad
Togo
Zambie
Zimbabwe

Asie du Sud

Afghanistan
Bangladesh
Bhoutan
Inde
Maldives
Népal
Pakistan
Sri Lanka

Asie de l'Est et Pacifique

Asie du Nord-Est

Chine
Corée du Nord
Corée du Sud
Japon
Mongolie
Taïwan

Asie du Sud-Est

Birmanie
Brunei
Cambodge
Indonésie
Laos
Malaisie

Philippines
Singapour
Thaïlande
Timor-Leste
Vietnam

Océanie

Australie
Fidji
Îles Cook
Îles Marshall
Îles Salomon
Kiribati
Micronésie, États fédérés de Nauru
Niue
Nouvelle-Zélande
Palau
Papouasie-Nouvelle-Guinée
Samoa
Tonga
Tuvalu
Vanuatu

Table des graphiques

Remerciements

Lors de la recherche et de la rédaction de ce rapport *(Le Monde en 2040),* le Conseil national du renseignement a reçu le soutien inestimable d'une liste large et diversifiée de contributeurs, notamment des groupes de réflexion, des universités, des consultants, des chefs d'entreprise, des chercheurs et des experts individuels, des étudiants et des collègues au sein et en dehors du gouvernement.

Bien que nous ne puissions pas remercier tous les donateurs, nous tenons à remercier ci-dessous les organisations et les personnes qui ont été particulièrement importantes pour aider à façonner et affiner ces tendances mondiales.

De nombreuses personnes ont contribué à la recherche et la réalisation de cet ouvrage. Nous remercions Terree Haidet pour avoir dirigé le processus d'élaboration de nos scénarios. SFG est très redevable au soutien et à l'attitude positive des responsables du programme analytique de Booz Allen Hamilton. Le maestro du graphisme Mark Hernandez a dirigé la conception de ce rapport de la première à la dernière page et a patiemment travaillé avec nous pour produire des graphiques et des documents complémentaires créatifs, détaillés et illustratifs.

Nous sommes redevables à nos partenaires au sein du gouvernement américain, c'est-à-dire, entre autres, les agents de la CIA, le Département d'État, le Département de l'énergie, l'Agence américaine pour le développement international, le Département du trésor, le Département de la défense, l'Agence de sécurité nationale et le Bureau du Directeur du renseignement national, pour le temps et l'expertise qu'ils nous ont généreusement accordés tout au long de ce projet. Leurs contributions sont allées de la participation à des ateliers d'experts à la révision d'ébauches en passant par la rédaction de contenus spécifiques pour des projets régionaux, et l'élaboration de documents de recherche sur les Tendances mondiales. Le Bureau des renseignements et de la recherche du Département d'État a joué un rôle particulièrement important en accueillant des dizaines d'ateliers et d'échanges avec des experts extérieurs, une collaboration qui a considérablement amélioré le processus des Tendances mondiales. Nous apprécions également beaucoup les conseils et le soutien des équipes nationales des ambassades, qui ont apporté leur propre expertise locale et nationale et ont fait en sorte que nous rencontrions le plus grand nombre possible d'experts informés. Le Conseil national des renseignements est reconnaissant envers de nombreux partenaires, notamment SAIC, Leidos et Centra Technologies, qui ont apporté un soutien essentiel à la conférence et organisé une série de simulations analytiques, d'études de cas et d'ateliers qui ont permis de lever les principales incertitudes des Tendances mondiales.

Nous tenons à remercier la Brookings Institution, le Centre pour une Nouvelle sécurité américaine, le Centre d'études stratégiques et internationales, le Conseil des relations internationales, l'unité de renseignements de The Economist, l'IFTF, l'Institut international d'études stratégiques, l'Institut national d'études stratégiques, la Fondation scientifique nationale, Oxford Economics, le Centre Pardee, la RAND Corporation, l'Institut royal des affaires étrangères, Strategic Business Insights, et le Conference Board pour avoir mené des recherches et fourni des évaluations sur les principales tendances fonctionnelles et le développement de scénarios.

Le Centre national des renseignements a eu la chance d'avoir des discussions inestimables avec des professeurs et des étudiants de différentes universités, dont l'université de Georgetown, l'université Johns Hopkins, l'université Harvard, Notre Dame, l'université Stanford, l'université Tufts et l'université de Pennsylvanie, l'Université de Denver, l'Université du Texas à Austin et l'Université de Virginie. Nous avons également reçu des commentaires et des idées clés lors de notre discussion virtuelle avec des étudiants d'universités affiliées au centre d'excellence académique du comité des renseignements. Nous tenons également à remercier le campus de Columbia Heights à Washington DC, qui a accueilli une conversation avec les étudiants sur le projet au début du processus.

Le rapport (*Le Monde en 2040*)a énormément bénéficié des échanges avec nos partenaires internationaux en matière de prospective, notamment Horizons politiques du Canada, le système européen d'analyse des stratégies et des politiques, le fonds d'innovation finlandais (SITRA), le bureau du Premier ministre et le ministère des Affaires étrangères de la Finlande, l'unité de prospective stratégique de l'Organisation de coopération et de développement économiques (OCDE), le ministère des Affaires étrangères et le Collège de défense nationale de la Suède, le Centre des futurs stratégiques de Singapour et le Centre de développement, de concepts et de doctrine du ministère de la Défense du Royaume-Uni.

Nos conversations avec des publics du monde entier ont constitué une composante essentielle de ce projet. Nous remercions les universitaires, les chefs d'entreprise, les responsables gouvernementaux, les organisations de la société civile, les journalistes et les futurologues des quatre coins du monde qui ont pris le temps de partager leurs idées et leurs perspectives avec nous.

Nous tenons également à citer et à remercier individuellement les contributeurs suivants :

Le professeur John Ikenberry de l'université de Princeton a codirigé des ateliers avec SFG sur des questions clés et a fourni des commentaires critiques et un soutien tout au long des trois années de recherche, tout comme l'ont fait les autres chercheurs à titre personnel : Amitav Acharya, Robert Art, Sheri Berman, Bear Braumoeller, Zach Cooper, Dale Copeland, Matt Daniels, Henry Farrell, Tanisha Fazal, Martha Finnemore, Harold James, Robert Jervis, Miles Kahler, David Kang, Jonathan Kirchner, Jacob Kirkegaard, Charles Kupchan, Jeff Legro, Mike Mastanduno, Kate McNamara, John Mearsheimer, Jonathan Moreno, Abraham Newman, John Owen, Barry Posen, Mira Rapp-Hooper, Douglas Rediker, Elizabeth Saunders, Randy Schweller, Jack Snyder, Manfred Steger, Constanze Stelzenmueller, Monica Toft, Jessica Chen Weiss, William Wohlforth, Tom Wright, Ali Wyne et Keren Yarhi-Milo.

De nombreux universitaires et autres experts ont apporté des contributions critiques et révisé les premières ébauches et les grandes lignes, notamment : Jeff Alsott, Daniel Byman, Thomas Carothers, Gerald Cohen, David Dollar, Roz Engel, Steven Feldstein, Martha Finnemore, Frank Gavin, Jack Goldstone, David Gordon, Cullen Hendrix, John Ikenberry, Chris Kirchoff, Linc Krause, Kristin Lord, Michael Mastanduno, Jason Matheny, John McLaughlin, Kevin Nealer, Tara O'Toole, Julia Philipps, Monica Toft, Adam Wasserman, Steve Weber et Tom Wright.

D'autres chercheurs ont rédigé des articles clés, organisé des ateliers ou fait des présentations à titre personnel sur toute une série de sujets essentiels, notamment Robert Bentley, Sheri Berman, Evan Berry, Sam Brannan, Hal Brands, Matt Carnes, José Casanova, Richard Cincotta, Jack Chow, Alan Cooperman, Keith Darden, Peter Feaver, Erica Frantz, Francis Fukuyama, Bonnie Glaser, Jack Goldstone, Anna Grzymala-Busse, Peter Huybers, Will Inboden, Azza Karam, Rima Kawas, Jason Klocek, Peter Mandaville, Doug Mandell, James Manyika, Elizabeth Moore, DJ Patil, Elizabeth Prodromou, Heidi Crebo-Rediker, Jennifer Sciubba, Rogers Smith, Shannon Smith, Kristina Stöeckl, Adam Wasserman, Erin Wilson, Andreas Wimmer, Tamara Wittes et Erol Yayboke.

Sumit Ganguly, de l'Université de l'Indiana, a réuni une équipe d'experts régionaux qui ont fourni des perspectives sur cinq et vingt ans pour *Le Monde en 2040* : Amitav Acharya, Cornelius Adebahr, Clement Adibe, Claudia Avellaneda, Neil DeVotta, Michelle Dunne, Eric Farnsworth, Timothy Hellwig, Steven Heydemann, Feisal Amin Istrabadi, Sameer Lalwani, Raúl Madrid, Saadia Pekkanen, William Reno, Ali Riaz, David Shambaugh et Elizabeth Threlkeld.

13470

Composition
NORD COMPO

Achevé d'imprimer en Slovaquie
par NOVOPRINT SLK
le 28 juin 2022

Dépôt légal : avril 2022
EAN 9782290364215
L21EPLN003198**A002**

ÉDITIONS J'AI LU
87, quai Panhard-et-Levassor, 75013 Paris

Diffusion France et étranger : Flammarion